Adolf Hausenblas

Die Brüxer Mundart

Adolf Hausenblas

Die Brüxer Mundart

ISBN/EAN: 9783744631037

Hergestellt in Europa, USA, Kanada, Australien, Japan

Cover: Foto ©ninafisch / pixelio.de

Weitere Bücher finden Sie auf **www.hansebooks.com**

DIE

BRÜXER MUNDART.

Von

ADOLF HAUSENBLAS,

k. k. Professor.

Erster Theil: VOCALISMUS.

Separat-Abdruck aus dem Jahresberichte des Ersten k. k. Staatsgymnasiums
im II. Gemeindebezirke in Wien 1898.

WIEN.

Im Selbstverlage des Ersten k. k. Staatsgymnasiums im II. Bezirke.

1898.

K. u. k. Hofbuchdruckerei Carl Fromme in Wien.

Der Aufschwung der Phonetik ist dem Betriebe der deutschen Mundartenforschung in hervorragendem Maße zugute gekommen. Die letzten zwei Jahrzehnte haben zahlreiche Untersuchungen auf diesem Gebiete aus allen Gauen Deutschlands gebracht. Deutsch-Österreich ist hierin erheblich zurückgeblieben,[1]) obwohl gerade hier der fruchtbarste Boden für derartige Forschungen wäre. Zwei Umstände aber sind es, welche die baldige, rechtzeitige Lösung einer solchen Aufgabe geradezu zur Pflicht machen. Zunächst ist darauf hinzuweisen, dass durch Ausbreitung der Volksschulbildung auch die schriftdeutsche Sprache in immer weitere Kreise dringt. Vor dieser Feindin jedoch zieht sich die Mundart scheu zurück, und ihre Schätze werden immer schwerer zugänglich. Zweitens gibt es zahlreiche deutsche Ortschaften, die, an der Sprachgrenze gelegen, dem vordringenden Slaventhum langsam, aber sicher zufallen. Ich nenne als Beispiele aus meiner Heimat im nordwestlichen Böhmen bloß die Dörfer Leneschitz, Weberschan und Ranoay. Für Südböhmen gibt die Budweiser Sprachinsel einen Beleg in größerem Maßstabe. Es ist also geboten, ehe besonders die Grenzmundarten in der angedeuteten Weise weitere Einbuße erleiden, beizeiten das in ihnen gelegene sprachliche Gut zu bergen.

Mit Freuden ist daher zu begrüßen, dass es der „Verein für Geschichte der Deutschen in Böhmen" unternommen hat, die Mundartenforschung in Deutschböhmen planmäßig zu fördern. Die „Mittheilungen" des genannten Vereines, 35. Jahrgang 1896/7, S. 1 ff., bieten zu diesem Zwecke einen sehr berücksichtigungswerten Aufsatz von H. Lambel: „Plan und Anleitung zu mundartlicher Forschung in Deutsch-Böhmen."

Leider fiel mir dieser Aufsatz erst in die Hände, nachdem die folgenden Ausführungen im wesentlichen beendet waren. Trotzdem herrscht im allgemeinen Übereinstimmung mit den dort entwickelten

---

[1]) Vgl. F. Mentz, Bibliographie der deutschen Mundartenforschung, Leipzig 1892.

Grundsätzen (auch in Bezug auf die Frage der Lautbezeichnung), so dass die vorliegende Bearbeitung der Brüxer Mundart sich ungezwungen in die erwähnten Bestrebungen des „Vereines für Geschichte der Deutschen in Böhmen" einfügen wird.

Die Deutschen in Böhmen bewohnen die Randgebirge und mehr oder minder breite Gebietsstreifen gegen das Innere des Landes zu, abgesehen von einigen Sprachinseln mitten unter čechoslavischer Bevölkerung. Doch ist bekanntlich die Sprache der Deutschböhmen nicht einheitlich, sondern es lassen sich vier Hauptmundarten unterscheiden. Die schlesische Mundart beherrscht (vom Jeschkengebirge gegen Osten) den Norden und theilweise den Osten des Landes, dem bayerisch-österreichischen Sprachstamm gehört der Süden, also vorzugsweise das Gebiet des Böhmerwaldes, im Westen, dem sogenannten Egerlande, hat der nordgauische (oder ostfränkische) Dialect seinen Sitz. Zwischen diesem aber und dem zuerst genannten schlesischen Dialect breitet sich ein ziemlich umfangreiches Gebiet aus, welches nach landläufiger Annahme dem Obersächsischen zufällt.

Über dieses Gebiet herrschen auch bei eingeweihteren Dialectforschern die sonderbarsten Vorstellungen. So redet Dr. C. G. Franke (Der obersächsische Dialect. Zehntes Programm der Realschule II. O. zu Leisnig 1884, S. 8) schlechtweg von einer „deutschböhmischen" Mundart als Nachbarin des Obersächsischen. Ebenso lässt der leider früh verstorbene H. Gradl, vielleicht der beste Kenner der deutsch-böhmischen Mundarten, in seinen letzten Ausführungen über den Gegenstand (vgl. Die österreichisch-ungarische Monarchie in Wort und Bild, Böhmen, I. Band, S. 604 ff.) die wünschenswerte Klarheit und Sicherheit vermissen. Er hat zwar richtig erkannt, dass das in Rede stehende, als „obersächsisch" bezeichnete Gebiet wesentliche mundartliche Abstufungen aufweise und hat drei Unterdialecte angenommen. Nach seiner Auffassung reicht eine mundartliche Übergangszone von Graslitz (als Grenzposten des Nordgauischen oder Ostfränkischen gegen Nordosten) bis zur Linie Katharinaberg-Brüx. Den übrig bleibenden Theil des Dialectgebietes trennt er, wenn ich seine Angaben recht verstehe, in einen westlicheren, „rein obersächsischen" Gebirgsdialect und einen östlicheren Flachlandsdialect. Diese Eintheilung entspricht aber, soweit meine eigene Erfahrung reicht, nicht den thatsächlichen Verhältnissen. Ich glaube vielmehr, dass man mit größerer Berechtigung mindestens sechs Unterdialecte annehmen könne. Diese wären: der Komotauer Übergangsdialect, der Brüxer Dialect, das Mittelgebirgische, das Erzgebirgische, der Teplitz-Aussiger Dialect, die Leitmeritzer Mundart. Doch kann diese Aufstellung keineswegs den Anspruch auf Unfehlbarkeit erheben, denn Irrthümer sind, wie ja Gradls Auffassung beweist, um so leichter möglich, als entsprechende Vorarbeiten gänzlich fehlen. Erst wenn von

festen Dialectcentren aus die nöthigen Untersuchungen gemacht sein
werden, wird man den Mundartenknäuel auf der Strecke Graslitz-
Grottau mit Erfolg entwirren können.

Zur Erreichung dieses Zieles halte ich es in methodischer Beziehung für zweckmäßiger, zunächst in Einzeluntersuchungen das Wesen
der Unterdialecte zu entwickeln und dann erst zu Ergebnissen all-
gemeinerer Art vorzudringen. Doch hat man mitunter diesen zweiten
Schritt vor dem ersten gethan, wie mir der erwähnte Aufsatz
Dr. C. G. Frankes und auch H. Gradls Buch „Die Mundarten Westböhmens, München 1895" zu beweisen scheinen.

Es soll darum im Folgenden nur das räumlich ziemlich beschränkte
Gebiet der Brüxer Mundart eine Einzeldarstellung erfahren.

Die Brüxer Mundart wird außer in Brüx (und zwar von der erb-
gesessenen Bevölkerung) noch in folgenden Ortschaften der unmittelbaren
Umgebung gesprochen:
Rudelsdorf,/Kahn, Obernitz, Böhm.-Zlatnik, Sellnitz,/Sedlitz, Kollo-
seruk, Wteln, Seidschitz, Stranitz, Seidowitz, Steinwasser, Polehrad,
Potscherad, Schießglock, Ploscha, Morawes, Hawran, Sabnitz, Lischnitz,
Koppertsch, Nemelkau, Püllna, Klein-Priesen, Ober-Priesen, Würschen,
Hareth, Deutsch-Zlatnik, Tschöppern, Welbuditz, Skyritz, Kommern,
Triebschitz, Seestadtl, Neudorf (Anklänge an den Erzgebirgsdialect),
Holtschitz (ebenso), Maltheuern, Lindau (Anklänge an den Erzgebirgs-
dialect),/Rosenthal,/Kopitz,/Kummerpursch, Ratschitz, Paredl, Strimitz..

Es sei gleich hier bemerkt, was ja auch bei der Bevölkerung
anderer Städte vorzukommen pflegt, dass der gebildetere Theil der
städtischen Einwohnerschaft sich meist bemüht, ein der Schriftsprache
nahekommendes Deutsch zu reden, wodurch es oft zu einer gewissen
Unsicherheit im Gebrauche der verschiedenen sprachlichen Elemente
kommt. Ferner muss erwähnt werden, dass in den eben genannten
Ortschaften die Brüxer Mundart verhältnismäßig am reinsten gesprochen
wird, womit aber keineswegs gesagt werden soll, dass damit ihr
Geltungsbereich erschöpft wäre. Sie greift im Gegentheil noch ziemlich
weit nach Osten aus (gegen den Egerfluss zu) und auch etwas nach
Westen. Doch lassen sich hier schon fremde Beimengungen beobachten
des sogenannten „Wasserdialectes" (am Egerflusse) einerseits und des
„Erzgebirgischen" anderseits.

Die Bezeichnung „Brüxer Mundart" ist im Volke nicht geläufig,
sondern es redet ziemlich unbestimmt und irreführend von einem
„Landdialect" und stellt damit den Dialect des flachen Landes dem
Erzgebirgischen und Mittelgebirgischen gegenüber. Doch wird es aus
dem Folgenden klar werden, dass die Bezeichnung „Brüxer Mundart"
vom historischen und sprachlichen Standpunkte in gleicher Weise be-
rechtigt und zutreffend ist.

Zu welchem Volke oder zu welchem Stamme die älteste Bevölkerung des gegenwärtigen Brüxer Gebietes gehörte, darüber gibt uns
die Geschichte der Stadt wenig oder gar keine Auskunft. Dass auch
hier einmal Markomannen wohnten,[1]) kommt nicht in Betracht. Wichtiger
erscheint folgender Umstand: Während nämlich in das von den Markomannen verlassene Böhmerland die Slaven eindrangen und es bis zu
den Randgebirgen besetzten, scheint die Brüxer Gegend keine solche
slavische Einwanderung erfahren zu haben. Das ist wohl an und für
sich wahrscheinlich, wenn man bedenkt, dass die heutige Brüxer
Gegend um den ehemaligen Kommerner See sehr unwirtlich war, die
Slaven aber mit Vorliebe in Landstrichen sich sesshaft machten, die
dem Ackerbau günstig waren. Die Stadt Brüx verdankt dagegen ihre
Entstehung aller Wahrscheinlichkeit nach dem frühzeitig beginnenden
Handelsverkehre, der von den Ufern des Kommerner Sees auf einem
Saumweg über das Erzgebirge nach Sachsen und Thüringen stattfand.
Wer wollte aber zweifeln, dass es deutsche Gewerbsleute, deutsche
Kaufleute waren, die diesen Verkehr nach Mitteldeutschland pflegten,
da doch die Slaven weder in jenen Zeiten (um das 10. Jahrhundert),
noch auch später nennenswerte Handelsgeschäfte trieben. Außer anderen
weiter noch beweisenden Stellen (S. 24, 27, 28, 32) sei aus J. N. Coris
„Geschichte der königlichen Stadt Brüx bis zum Jahre 1788" folgende
(S. 44) angeführt:

„Was die Nationalität der Einwohner von Brüx betrifft, so herrschte
daselbst seit frühesten Zeiten das deutsche Element. Schon ehe Brüx
zur königlichen Stadt erhoben wurde (d. i. um 1273), war es deutsch.
In den von 1253 bis 1280 durchwegs in lateinischer Sprache verfassten
Brüxer Urkunden kommt die Stadt nie mit ihrem böhmischen Namen
Most, sondern entweder mit ihrer deutschen Benennung Pruckes, Pruck,
Brux, Brüx oder mit ihrem lateinischen Namen Pons vor. Die in diesen
und in den nachfolgenden Urkunden genannten Brüxer führen mit einer
einzigen Ausnahme durchgehends deutsche Namen." Danach kann es
als sicher gelten, dass die Stadt von Deutschen gegründet und zur
Blüte gebracht worden ist, womit allerdings nicht ausgeschlossen ist,
dass auch eine kleinere Anzahl čechischer Bewohner sich daselbst vor-
fand. Ein čechisches Gepräge hatte aber die Stadt nie. Vielmehr wurde
das bereits vorhandene Deutschthum noch dadurch verstärkt, dass „die
Stadt in der Zeit von 1377 bis 1459 durch Verpfändung in mehrmalige
Abhängigkeit zu Meißen gerieth". Ferner lässt sich urkundlich nach-
weisen, dass „im Anfange des 17. Jahrhunderts bis zur Schlacht am
Weißen Berge das Bürgerrecht an viele Sachsen und Thüringer und
auch an Bayern verliehen wurde".[2]) „Brüx gehört also nicht zu jenen

---

[1]) Vgl. H. Gradl, Die Mundarten Westböhmens, München 1895, S. V.
[2]) Cori a. a. O., S. 52.

Städten in Böhmen, welche erst nach dem 30jährigen Kriege infolge neuer Einwanderung aus Deutschland germanisiert worden sind." Die Stadt war also seit jeher deutsch. Es fragt sich nur, welchem Stamme die Einwohnerschaft dieser deutschen Pflanzstadt angehörte. Historische Belege fehlen uns zur Beantwortung dieser Frage, wir können nur aus geschichtlichen Thatsachen und aus der Natur des Brüxer Dialectes entsprechende Schlüsse ziehen.

Vergegenwärtigen wir uns zunächst, dass der Bestand der Stadt Brüx auf eine Handelsniederlassung zurückzuführen ist, und dass der Handelszug an den Ufern des Kommerner Sees vorüber über das Gebirge nach Sachsen führte, so kann man wohl annehmen, es seien vorzugsweise sächsische Kaufleute gewesen, die das deutsche Gemeinwesen begründeten.[1]) Ich sage „vorzugsweise", denn es ist nicht ausgeschlossen und sogar sehr wahrscheinlich, dass auch Angehörige anderer Stämme als des obersächsischen Stammes sich in der Handelsstadt dauernd niederließen. Wir haben ja eben ausdrücklich von Bürgerrechtsverleihungen späterer Zeit gehört, die auch Thüringern und Bayern zugute kamen. So ist wohl vom historischen Standpunkte aus die Annahme begründet, dass der Kern der Brüxer Bevölkerung sächsisch war, vermischt mit anderen — vermuthlich gleichfalls mitteldeutschen — Elementen. Diese Annahme wird von der sprachlichen Seite her bestätigt.

Die Brüxer Mundart ist im wesentlichen obersächsisch (dafür sprechen unter anderen Erscheinungen das für das Obersächsische charakteristische *a* für mhd. *ei*, z. B. *bâdə* = mhd. beide und in- und auslautendes *b* für *pf*, z. B. *khub* = mhd. kopf). Gefehlt wäre es aber, in ihr eine organische Fortentwickelung des Obersächsischen allein zu sehen. Von diesem unterscheidet sie sich wesentlich, wie sich im Folgenden oft genug zeigen wird. Dagegen sei hier auf die auffallende Ähnlichkeit hingewiesen, die das sogenannte Mittelgebirgische mit dem Obersächsischen hat, während doch beide durch das Brüxer Idiom räumlich geschieden sind.

Ich betrachte das Mittelgebirgische als eine directe Abzweigung des Obersächsischen. Allerdings müsste diese Vermuthung erst durch eine eingehendere Vergleichung der beiden Mundarten bewiesen werden.

Der Brüxer Dialect ist aber ein Mischdialect auf obersächsischer Grundlage. Wann die erwähnte Mischung mitteldeutscher mundartlicher Elemente stattgefunden habe, lässt sich natürlich nicht genau bestimmen. Dr. C. G. Franke vermuthet (a. a. O., S. 7) bezüglich des Schlesischlausitzischen und des Erzgebirgischen, dass die Mischung erst in mittelhochdeutscher Zeit entstanden ist. Das gilt wohl auch für die Brüxer

---

¹) Über die innigen handelswirtschaftlichen Beziehungen der Stadt Brüx zu dem benachbarten Sachsen vgl. auch Dr. J. Neuwirth, Der Bau der Stadtkirche zu Brüx, Vortrag im Verlage der Stadtgemeinde Brüx, S. 6.

Mundart, zumal die geschichtlichen Thatsachen sehr deutlich dafür sprechen.

An dieser Stelle ist noch einer Auffassung Gradls zu begegnen, durch die allenfalls der Brüxer Dialect getroffen werden könnte. Er spricht auf S. 32 seines Buches über die Mundarten Westböhmens von der bekannten Erscheinung, dass in manchen Dialecten oft „ein Laut alte Kürze und Länge vertritt, ja dass selbst Laute und Steigerungen, die verschiedenen Lautreihen angehören, in einem Laute zusammengeworfen werden". „Gewöhnlich," so fährt er fort, „nicht immer, treten derlei Erscheinungen in Landstrichen auf, die erst später germanisiert wurden, erst in einer Zeit, wo das Gemeindeutsche sich selbst schon nicht mehr der ursprünglichen Natur des einzelnen Lautes bewusst war." „Proben solcher Dialecte finden sich im Obersächsischen und im Schlesischen." Thatsächlich hat sich in der Entwickelung der Brüxer Mundart ein solcher Uniformierungstrieb geltend gemacht, der zu einer ungewöhnlichen Vocalarmut geführt hat, wie wir deutlich sehen werden. Aber es dürfte schon oben hinlänglich klar gelegt worden sein, dass bei dem Brüxer Dialect von einer solchen „Germanisierungs-Mundart" gar nicht die Rede sein kann. Doch auch sonst dürfte der bewährte Dialectforscher die erwähnte Erscheinung falsch aufgefasst haben.

Wir haben es vielmehr beim Obersächsischen und beim Schlesischen mit der Wechselwirkung verschiedener deutscher Mundarten aufeinander zu thun,[1]) aber nicht mit der Einwirkung einer fremden (slavischen) Sprache auf die deutsche Mundart. Nun kann das Ergebnis der Mischung verschiedener mundartlicher Laute ebenso gut lautliche Mannigfaltigkeit als lautliche Einförmigkeit sein. Thatsächlich ist jene in der schlesischen Mundart eingetreten, diese in der Brüxer.

Die Ausführungen über die Einwohnerschaft der Stadt Brüx, ihre muthmaßliche Stammeszugehörigkeit und Sprache brauchten noch lange nicht für die unmittelbare Umgebung zu gelten. Es ist zunächst nicht leicht anzunehmen, dass etwa die handel- und gewerbetreibende Einwohnerschaft der Stadt ackerbautreibende Colonisten in die Umgebung entsendet habe. Auch tragen viele Dörfer in der Nähe der Stadt seit ihrem Auftauchen in der Geschichte čechische Namen, z. B. Wteln, Hawran, Tschausch, Polehrad u. s. w. Die in alten Urkunden vorkommenden Familiennamen der Dorfbewohner sind der Mehrzahl nach čechisch. Daraus scheint mir hervorzugehen, dass wir für die Dörfer thatsächlich einen Germanisationsprocess annehmen müssen. Dieser Process wurde durch einen gewichtigen Umstand befördert. Die Stadt Brüx wurde frühzeitig (unter Přemysl Ottokar II.) zur königlichen Freistadt erhoben. Sie konnte

---

[1]) Über die historisch nachweisbare Vermengung verschiedener Stamm- und Sprachelemente im Obersächsischen vgl. Waniek, Zum Vocalismus der schlesischen Mundart, Progr. des St.-O.-G. Bielitz 1880, S. 6.

also frei und unbehindert von adeliger Oberhoheit zu Wohlstand sich aufschwingen. Diese Wohlhabenheit machte sich unter anderem in der Weise bemerkbar, dass die Stadt Meierhöfe und Liegenschaften in der Umgebung sich erwarb und so offenbar auf die kleinen Ortschaften und ihre Entwickelung stark einwirkte. Besitzt ja gegenwärtig noch die Stadt Brüx im Bezirke mehr als zehn Meierhöfe. Es ist übrigens auch denkbar, dass zu günstigen Zeiten, etwa — wie oben erwähnt — zur Zeit des dreißigjährigen Krieges, einzelne Schübe deutscher Colonisten in die fruchtbare Ebene um den Kommerner See erfolgt sind. Thatsache ist, dass manches Dorf seine früheren čechischen Namen verloren und einen deutschen empfangen hat. So wurde aus dem urkundlichen mittelalterlichen Janowic Johnsdorf und aus dem ebenfalls urkundlichen Lipětin Lindau. Wann dieser Germanisationsprocess entschieden war, lässt sich nicht mit Sicherheit ermitteln. Dass aber zu Beginn des 17. Jahrhunderts die Dörfer des gegenwärtigen Brüxer Bezirkes rein deutsch waren, beweist ein Urbarium vom Jahre 1645,[1]) welches Herr Otto Scharf, städtischer Steuereinnehmer in Brüx, mir in freundlicher Weise zur Verfügung stellte. Die in diesem Urbarium angeführten Namen der „angesessenen Männer" in den Dörfern belaufen sich auf 300 und sind in erdrückender Mehrheit deutsch. Kaum ein Dutzend Namen deutet auf čechischen Ursprung hin.

Ein wackeres, fleißiges Völkchen war es, welches sich hier aus verschiedenen Gauen des deutschen Mutterlandes zusammengefunden hatte; davon geben viele Blätter der Stadtgeschichte von Brüx ein ehrendes Zeugnis. Aber dieser Thätigkeitssinn, dieser Gewerbefleiß hatte auch sein Übles. Es ist nämlich so, als ob die fleißigen Colonisten in der Heimat allen Sinn für Poesie zurückgelassen hätten. Die Reste alter gemeindeutscher Volkssage, z. B. der Kyffhäusersage, die in stark verblasster Gestalt am Spitzberge bei Brüx localisiert erscheint, sind nicht nennenswert, ebenso sind nicht nennenswert die letzten Spuren alter Volksgebräuche, z. B. die Spuren eines Weihnachtsspieles, eines Dreikönigspieles, eines Narrenschneidens (zur Faschingszeit) — alles das hat sich frischer und ursprünglicher an vielen anderen Orten erhalten. Von Volksdichtung oder volksthümlicher Dichtung ist weder aus alter noch aus neuerer Zeit irgendein Denkmal vorhanden, weder in der Schriftsprache noch im heimischen Dialecte. Man könnte nun glauben, dass ein solcher Verlust an poetischem und auch nationalem Empfinden in den historischen Verhältnissen der Brüxer

---

[1]) Die ältesten Aufzeichnungen des sehr interessanten Buches gehen auf das Jahr 1612 zurück. Das Buch hat entschieden historischen Wert, besonders für die Namenforschung. Geringeren Wert für den erwähnten Zweck hat ein anderes Urbarium im Archiv der Stadt Brüx vom Jahre 1617 (Signatur VII. M / 219).

Colonie selbst gelegen sei. Angehörige verschiedener Stämme haben sich nach und nach zu ernster Arbeit in der neuen Heimat zusammengefunden, sie haben den Zusammenhang mit der alten Heimat verloren und damit auch den Sinn für heimatliches Sinnen und Dichten. Diese traurige Folge, wie sie bei den wackeren Ansiedlern der Stadt Brüx und ihrer Umgebung eingetreten ist, muss aber unter vergleichbaren Verhältnissen gar nicht eintreten. Wie triebkräftig erwies sich beispielsweise seit jeher die Sage und Dichtung des Mischvölkchens der Schlesier, welches doch auch auf weit vorgeschobenem Posten in harter Arbeit sein Dasein gründete.

Diejenigen Aufzeichnungen aber, welche praktischen Zwecken dienten, z. B. die Erklärungen von Bürgerrechtsverleihungen aus früheren Jahrhunderten, zeigen das jeweilige Schriftdeutsch. Nur hie und da entschlüpfen vereinzelte mundartliche Formen der Feder; aber ich möchte selbst auf diese Formen kein allzu großes Gewicht legen, da sich nie feststellen lässt, ob die betreffende Wortform zweifellos den Brüxer Dialect oder nur die Mundart des Schreibers wiedergibt. So glaube ich in der Kirchenrechnung vom Jahre 1520 (im Archiv der Stadt Brüx) und später in einem Gerichtsbuch vom Jahre 1587 Spuren des Niederdeutschen entdeckt zu haben, die in einer Reihe von Eintragungen derselben Hand auftauchen und dann in Eintragungen von anderer Hand gänzlich verschwinden.

Bei diesem Mangel historischer dialectischer Denkmäler war ich, um die Brüxer Mundart in ihrem Wesen festzuhalten und klarzustellen, lediglich auf den gegenwärtigen Zustand der Lautverhältnisse der Mundart angewiesen. Dabei kam mir zustatten, dass ich die Mundart von Jugend an gesprochen habe und auch gegenwärtig Gelegenheit habe, sie in unverfälschter Weise von Zeit zu Zeit aufs neue zu hören.

Wenn ich nun von meiner heimischen Mundart behaupte, sie sei höchst interessant und eigenthümlich, so fälle ich dieses Urtheil nicht mit leicht verzeihlicher Vorliebe für trautes heimisches Wesen, sondern lediglich vom sprachlich-wissenschaftlichen Standpunkte aus.

Die hervorstechendste Eigenschaft der Brüxer Mundart ist zunächst ihre, wie ich glaube, beispiellose Einfachheit. Es scheint sich die vorerwähnte Nüchternheit des Volkscharakters in höchst origineller Weise im Dialect wiederzuspiegeln. Man muss sich wundern, welche Einfachheit, beinahe gothische Dürftigkeit in Bezug auf die Lautverhältnisse in diesem Dialecte herrscht, dabei eine unerbittliche Folgerichtigkeit der einmal angenommenen Tendenzen, dass man fast nicht von einem sprachlichen Werden, sondern von einem sprachlichen Schaffen zu reden geneigt sein könnte.

Doch die Zweckmäßigkeit ist meist nicht mit der Schönheit verschwistert. So wird auch jeder unbefangene Beurtheiler zugestehen müssen, dass der Brüxer Dialect zwar sehr einfach und in seinem Bau sehr durchsichtig sei, aber dass er schön, d. h. wohlklingend sei, wird er nicht behaupten können. Wenig Vocale ohne Tonabstufung, starker exspiratorischer Accent mit Verstümmelung der Endsilben, sehr langsames, bedächtiges Tempo der Rede, das sind Eigenschaften, die keinem Dialect etwas Gefälliges verleihen. Und so erscheint auch die Brüxer Mundart in dieser Beziehung schon ihren unmittelbaren Nachbarn, dem Mittelgebirgischen und dem Erzgebirgischen, gegenüber im Nachtheil, gar nicht zu reden von den weiteren Nachbarn, dem melodiösen Egerländischen und dem klangreichen Schlesischen.

In den folgenden Ausführungen soll vorläufig der Vocalismus der Brüxer Mundart behandelt werden. Dass ich hierbei dem Beispiele Baldes' (Die Birkenfelder Mundart, Programm des Gymnasiums zu Birkenfeld 1895) und vieler anderer folgend, den mhd. Lautstand als Basis benützt habe und nicht das Schriftdeutsche wie Franke oder gar den Lautstand der Mundart selbst, wie E. Goepfert (Die Mundart des sächsischen Erzgebirges, Leipzig 1878) gethan hat, bedarf wohl bei dem gegenwärtigen Stande der Dialectforschung keiner Rechtfertigung.

Vorbemerkungen: Lautliche Eigenthümlichkeiten der Brüxer Mundart.

a) Im Vocalismus.

1. **Lippenarticulation:** Die Betheiligung der Lippen beim Sprechen ist im allgemeinen mäßig, und es findet vorzugsweise eine Bewegung derselben in verticaler Richtung durch Hebung und Senkung des Unterkiefers statt. Aber die Thätigkeit der Lippen in horizontaler Richtung als Rundung ist stärker als in vielen anderen Mundarten, Beweis dessen die Vorliebe für den *u*-Laut. Dieser Thatsache steht auffallenderweise das Fehlen der sogenannten Vermittlungslaute *ö* und *ü* entgegen, bei deren Erzeugung doch auch die Lippen merklich in Anspruch genommen werden.

2. Die **Zungenarticulation** ist energisch. Daher werden gerade die Laute, welche eine straffe Contraction der Zungenmuskeln erfordern, die *i*- und *u*-Laute, von der Mundart in ihrem Bestande geschützt und erhalten überdies einen reichen Zuwachs sowohl an Kürzen als an Längen.

3. Die **Nasalierung** der Vocale — insbesondere der Längen *â*, *ô*, *î* und des Diphthongs *ei* — ist ziemlich durchgedrungen, doch hat diese Nasalierung keine besondere Stärke, so dass beispielsweise zwischen der Aussprache von *ô-d̃sîə*[1]) = anziehen und *ôd̃sîə* = abziehen kein merklicher

---

[1]) ~ Zeichen der Nasalierung.

Unterschied besteht. Die Nasalierung ist weitaus schwächer als etwa
die des Tirolischen.

4. Der combinatorische Lautwandel ist nicht nenneuswert. Von den
Consonanten besitzt lediglich der r-Laut die Fähigkeit, den vorausgehenden
Vocal zu beeinflussen und zwar in dem Sinne, dass er ihn ausnahmslos zur
Apertur drängt. Diese kräftige Wirkung erklärt sich aus der Natur
des r im Brüxer Dialect; es ist ein schwach vibrierendes Kehlkopf-r,
welches in der Mitte steht zwischen consonantischem Charakter und
dem indifferenten ə. Doch ist dieses r noch nicht so weit vocalisch geworden, um im Bunde mit dem folgenden Consonanten Ersatzdehnung
zu bewirken. (Vgl. dagegen Dr. Baldes a. a. O., S. 7.) — Diese Art
des r scheint gemein-obersächsisch zu sein. (Franke a. a. O., S. 20.)

5. Quantitätsgesetz: Kurzer Vocal des Mhd. behält seine Kürze
vor schwerer Consonanz, dagegen tritt vor leichter Consonanz Dehnung
ein. In dieser Beziehung ist maßgebend, was Wilmanns in seiner
„Deutschen Grammatik", 1893, 1. Abth., S. 218, für das Nhd. ausführt:
„Ob ein kurzer Vocal erhalten oder gedehnt wird, hängt mit der Natur
der auf ihn folgenden Consonanz zusammen: je leichter dieselbe ist, um
so größer die Neigung zur Dehnung: je schwerer, um so geringer . . . .
Schwer sind die Consonanten und Consonantenverbindungen, welche
im Mhd. metrisch Position bilden: alle verdoppelten Consonanten, die
Verbinduugen verschiedener Consonanten, die hochdeutschen aus Affri-
caten entstandenen Spiranten f, ʒ, ch. Leicht sind die Consonanten,
welche keine Position bilden: die Liquiden l, r, die Nasale m, n, die
germanischen Spiranten v, s, h, die Medien b, d, g, die Tenuis t." Diese
scharfe Unterscheidung hat für die Vocalverhältuisse der mitteldeutschen
Mundarten überhaupt einen außerordentlichen Wert. Welch unsicheres
Umhertappen lässt sich besonders in älteren Dialectuntersuchungen,
in denen diese Unterscheidung unbekaunt oder unbeachtet ist, betreffs
der Quantitätsveränderungen der Vocale wahruehmen!

b) Im Consonantismus.

1. Die mhd. Tenues p, t, k existieren in der Brüxer Mundart anlautend gar nicht; statt p und t erscheinen anlautend, inlautend und
auslautend b und d, d. h. die stimmlosen Medien, an Stelle des k aber
im Anlaut eine kräftig gesprochene Tenuis-Aspirata kh, im Inlaut und
Auslaut die stimmlose Media g.

2. Über die mhd. Medien b, d, g ist vorläufig Folgendes zu bemerken: b ist im Anlaut und Auslaut stimmlose Media, im Inlaut in
stimmhafter Umgebung wird daraus die stimmhafte Spirans w, z. B.
wéiwar == Weber; d bleibt stets stimmlose Media; g ist im Anlaut stimmlose Media, dagegen wird es inlautend in stimmhafter Umgebung und

im Auslaut nach hellen Vocalen durch χ, d. h. durch die stimmlose palatale Spirans (z. B. *liχd* = liegt, *wêχ* = Weg), nach dumpfen Vocalen durch *x*, d. h. durch die stimmlose gutturale Spirans (z. B. *löxər* = Lager, *gənûx* = genug) vertreten.

3. *t* und *d* assimilieren sich vorausgehendem *l* immer (z. B. *bol* = bald, *wilər* = Wilder, *holn* = halten), vorausgehendem *n* in den meisten Fällen (z. B. *khinər* = Kinder, *dər onerə* = der andere, dagegen *findn*, *wendn*. *rêdn* = reden erscheint neben *rên*, *bûdn* = Boden neben *bûn*.[1])

4. Das *n* der Flexionssilben verbindet sich mit auslautendem *b* des Stammes zu *m*; z. B. *lêm* = leben, *ûm* = oben, *də rôm* = die Raben.

c) In der Quantität der Vocale.

In der Brüxer Mundart sind vier Grade der Zeitdauer zu unterscheiden. Die kürzeste Zeitdauer nimmt der ə-Laut[2]) in Anspruch; außerdem gibt es noch kurze, lange und (sehr wenige) überlange Vocale. Einfache Länge und Überlänge erscheinen im allgemeinen unter denselben Bedingungen, wie sie Sievers (Grundzüge der Phonetik, 4. Aufl. 1893, § 645, 660) für das Bühnendeutsche erörtert hat. In den folgenden Ausführungen bleibt die Kürze unbezeichnet, die Länge (einfache Länge und Überlänge) wird durch ˆ über dem Vocal angedeutet (z. B. *ê*).

d) Im Accent.

Die Accentverhältnisse liegen in der Brüxer Mundart ebenfalls sehr einfach: Der schwachgeschnittene Accent, d. h. der, bei dem der Exspirationsstrom allmählich an Stärke abnimmt, kommt den langen Vocalen zu, der starkgeschnittene Accent dagegen, bei dem der Exspirationsstrom kurz andauert und eher an Intensität zunimmt als abnimmt, ist nur kurzen Vocalen eigen. Die Brüxer Mundart zeigt also hier analoge Verhältnisse wie das sogenannte Bühnendeutsch. (Sievers a. a. O., S. 553 ff.) — Eine besondere Neigung zum zweigipfligen Accent lässt sich nicht bemerken. Unzweifelhafte (gedehnte) Überlänge herrscht nur in folgenden Beispielen: *Jâ* (ja)! *Nâ-* (nein)! *Wî? Sâ* (so)! *Mî˜* (ein häufiges Flickwort in dem Sinne von „wie ich gehört habe"; vielleicht eine Verstümmelung von „meine ich").

In den angeführten Beispielen ist die Zweigipfligkeit des Accentes so entschieden, dass sie bei manchen Sprechern zu deutlicher Diphthongierung führt: *Jûə, ndə, wîə, sûə.*

---

[1]) Die Erklärung dieser und ähnlicher Vorgänge wird bei der Behandlung des Consonantismus zur Sprache kommen.

[2]) Genaue Beschreibung dieses irrationalen *e* bei Waniek a. a. O., S. 12 u. 13.

Der Vocalismus.

I. Bildung und Klang der Vocale.

In der Brüxer Mundart sind folgende Vocale vorhanden:

a) Einfache:

   1. Lange: *â, ô, ậ, ê, î.*

   2. Kurze: *u, o, a, e, i.*

   3. Der reducierte *e*-Laut: *ə.*

b) Zusammengesetzte: *âọ, âŗ.*

A. Die gutturalen Vocale.[1]

1. Mit höchster Zungenstellung: Die *u*-Laute. Es gibt in der Brüxer Mundart ein kurzes und ein langes *u*. Bei ihrer Erzeugung werden die Lippen nicht so stark gerundet wie im Bühnendeutschen, der Unterkiefer senkt sich unbedeutend, die Mundwinkel nähern sich mäßig. Dagegen zieht sich die Zunge kräftig nach rückwärts oben, so dass die so erzeugten *u*-Laute, besonders *û*, voll genug klingen. Sie erreichen den äußersten Grenzwert nicht, kommen ihm aber nahe. Der kurze *u*-Laut ist offen, der lange geschlossen.

2. Mit mittlerer Zungenstellung: Die *o*-Laute. Desgleichen kennt die Mundart nur zwei *o*, und zwar ein offenes kurzes *o* und ein geschlossenes langes *ô*. Die Organe nehmen bei der Hervorbringung dieser Laute dieselbe Stellung ein wie bei der Hervorbringung der entsprechenden nhd. Laute. Nur das eine muss hervorgehoben werden, dass folgendes *r*, entsprechend seinem gutturalen Charakter, einem vorangehenden *ô* einen helleren Klang verleiht als im Nhd. So würde „geboren" eher offen als geschlossen klingen.

3. Mit niedrigster Zungenstellung: Die *a*-Laute. Wenn *a* in der Mundart vorkommt, was nicht so häufig geschieht, wie Gradl meint, so wird es ganz rein articuliert sowohl als Länge wie als Kürze. Die bühnendeutsche Aussprache des Wortes „Barbär" ist geeignet, den Klang des dialectischen kurzen und des langen *a*-Lautes zu verdeutlichen. Auch der Diphthong *au* deckt sich mit dem entsprechenden schriftdeutschen Zwielaute und ist wie dieser lautphysiologisch mit *âọ* wiederzugeben, d. h. man hört ein reines langes *â* mit stark verkürztem, aber deutlich nachklingendem offenen *o*. Schwieriger ist das Wesen desjenigen Diph-

---

[1] Anordnung nach Baldes.

thonges zu erfassen, der dem schriftdeutschen *ei* und *ai* entspricht. Es fragt sich nämlich, ob wir diesen Diphthong aufzufassen und darzustellen haben als *âç̌* oder als *âç̣*. Die Natur des *a*-Lautes ist außer Zweifel, doch beim nachstürzenden kurzen *e*-Laut ist es unsicher, ob geschlossenes (*e·*) oder offenes *e* (*e*) anzunehmen ist. Die vergleichbare Aussprache des nhd. *ei* und *ai* (z. B. in den Wörtern „Blei, Mai") macht *âç̌* wahrscheinlich; dem steht aber entgegen der leichte, ungemein häufige Übergang des in Rede stehenden Diphthonges in *â*. Dieser Übergang wäre von *âç̣* aus natürlicher, ungezwungener. Und doch ist diese Annahme unrichtig. Wir müssen uns nämlich vor Augen halten, dass die Brüxer Mundart solche sprunghafte Übergänge (mit Ausschluss jedes Vermittlungslautes) liebt. So wird man also trotz alledem *âç̌* ansetzen müssen, wobei sich allerdings die sonderbare Erscheinung ergibt, dass die Mundart sonst kein geschlossenes kurzes *e·* kennt. Die Reihe der *a*-Laute — zugleich die längste — ist danach *a, â, âϱ, âç̌*.

B. Die palatalen Vocale.

1. Mit mittlerer Zungenstellung: Die *e*-Laute. Die *e*-Laute als Vermittler zwischen *a* und *i* lassen sich den *o*-Lauten, den Vermittlern zwischen *a* und *u*, vergleichen. Auch hier ist der kurze Laut (*e*) offen, der lange (*ê*) geschlossen, auch hier entspricht die Articulation der nhd. Tongebung, auch hier ruft folgendes *r* nahezu volle Apertur des vorausgehenden Vocales hervor. Und wie der *o*-Laut keine Diphthonge erzeugt, in denen er die erste Componente bilden würde, so ist in derselben Hinsicht auch der *e*-Laut unfruchtbar.

2. Mit höchster Zungenstellung: Die *i*-Laute. Die zwei *i*-Laute der Mundart werden so erzeugt wie die schriftdeutschen. Sie sind in ihrem Klange deutlich und scharf. Besonders das (lange) *î* zeichnet sich durch eine bestimmte, unzweideutige Tongebung aus. Kurzes *i* ist offen, langes *î* geschlossen.

3. Der reducierte *e*-Laut (*ə*): Was zunächst die Klangfarbe dieses sonderbaren Lautes betrifft, so ist sie sehr unsicher, sie wechselt zwischen dumpfem *e* und kurz hervorgestoßenem, dumpfem *a* je nach der Beschaffenheit der benachbarten Laute, sie ist aber auch vielfach von dem sprechenden Individuum selbst abhängig. Ebenso ungleich ist die Dauer dieses Lautes. Die verhältnismäßig längste Dauer hat er in der Artikelform *də* (= die), geringere in der Endung *-er*, die geringste in den Nachsilben *-el*, *-en* und in den Vorsilben *er-*, *ver-*, *be-* und *ge-*. Welch geringe Dauer *e* besonders in *ge-* hat, beweist deutlich der Umstand, dass es bei folgendem *h* mit diesem zu *kh* verwächst, z. B.: *kholn* = gehalten, *khûm* = gehoben, *khodn* = gehabt.

Übersicht über die Vocale.

Zungenstellung	Gutturale Vocale		Palatale Vocale		Zusammengesetzte Vocale
	geschlossen	offen	geschlossen	offen	
hoch . . .	ü	u	ï	i	
mittel . .	ô	o	ë	e (ə)	} üy, üe
niedrig . .		a â			

Vergleichen wir zunächst den Vocalbestand der Brüxer Mundart mit dem des Nhd., so ist ersichtlich, dass in Bezug auf die einfachen Vocale eine gewisse Übereinstimmung herrscht: wir haben in der Mundart keinen einzigen Vocal, der nicht auch im Schriftdeutschen vorkäme und zwar mit derselben Klangfärbung. Etwas anderes ist es bezüglich der Diphthonge — hier zeigt der Dialect eine Einbuße gegenüber der Schriftsprache. Der wesentlichste Unterschied besteht jedoch darin, dass kaum ein Laut des Dialectes sich auch nur annähernd in seinem Geltungsbereiche mit dem gleichklingenden nhd. deckt, was bei einer mitteldeutschen Mundart immerhin auffällig erscheint. Wodurch aber die Brüxer Mundart sich von anderen, auch der stammverwandten und unmittelbar benachbarten erzgebirgischen Mundart unterscheidet, das ist die schon erwähnte Vocalarmut, vornehmlich hervorgerufen durch das Fehlen von Übergangslauten. Nach Goepfert (a. a. O., S. 3) lassen sich im Erzgebirgsdialect 20 verschiedene Vocale unterscheiden, im Brüxer Dialect dagegen nur 13. Franke (a. a. O., S. 4) entwickelt 28 vocalische Laute, wobei seine „Consonanten mit vocalischen Resten" nicht mit eingerechnet sind.

Vorläufige Bemerkungen über einzelne consonantische Lautzeichen.

Es wurde schon oben angedeutet, dass *kh* wirkliche Tenuisaspirata ist. *b, g, d* bezeichnen unter allen Umständen die stimmlosen Verschlusslaute. *š* = hd. *sch.* χ ist die stimmlose palatale Spirans (der sogenannte *ich*-Laut), *x* die stimmlose gutturale Spirans (der sogenannte *ach*-Laut)· *ñ* = hd. *ng.* (Auf dieses Lautzeichen ist besonders aufmerksam zu machen, weil es in der Mundart oft die Lautverbindungen *-gən* und *-hen* ersetzt, z. B. *lēñ* = legen, *sēñ* = sehen, *wôñ* = Wagen, *âñ* = Augen.) Auf die lautphysiologisch genauere Bezeichnung eines vorderen (Gaumen-) *ñ* nach hellen Vocalen und eines rückwärtigen (Kehlkopf-) *ñ* nach dunklen Vocalen sei der Einfachheit wegen verzichtet. — ˜ (rechts oben bei einem vorangehenden Vocal) bezeichnet seine Nasalierung, z. B. $mô^-=$ Mann, $bá^-$ = Bein.

Bei dieser Gelegenheit kann ich nicht verhehlen, dass auch ich bei der lautlichen Fixierung der Mundart längere Zeit geschwankt habe, ob möglichst treue Wiedergabe des gesprochenen Wortes anzustreben sei, oder ob es besser sei, so wenig als möglich von den nhd. Wortbildern abzugehen. Im ersten Falle wird das Lesen derartiger Schriften sehr erschwert, und ganze Volkskreise werden von der Beschäftigung mit dialectischen Dingen abgeschreckt, im zweiten Falle ist Ungenauigkeit unvermeidlich, also Scylla und Charybdis. Von den öfter angeführten Autoren hat sich Goepfert an den zweiten Grundsatz gehalten, Baldes an den ersten, Gradl (die Mundarten Westböhmens, München 1895) hat sich erst im weiteren Laufe seiner Arbeit einer streng wissenschaftlichen Schreibung des dialectischen Materiales beflissen (von S. 33 ab), doch scheint er in dem Bestreben nach möglichst exacter Lautbezeichnung ebenso wie Franke wieder gar zu weit gegangen zu sein; die Transscription beider ist durch diakritische Zeichen gar zu sehr überladen. Glücklicherweise macht die Schlichtheit der Br. Mda. auch zu einer genauen Wiedergabe des Lautbestandes nur einen kleinen Schriftzeichen-Apparat nöthig.

II. Die Vocale im Vergleiche mit den entsprechenden mhd. Lauten.[1]

a) Die Vocale in den Stammsilben.

Mhd. a und a in Fremdwörtern.

1. Nur das kurze a der Fremdwörter und Lehnwörter hat sich in der Brüxer Mundart rein erhalten: *dags* Taxe, *glas* Classe, *dragdirn* tractieren, *agərád* accurat, *mas* = Masse, *afəndans* abondance, *fagsn pl.* = Narrenpossen in der Wendung *fagsn moxn* = Narrenpossen treiben, Umstände machen.

2. Mhd. *a* ist vor leichter Consonanz in der Regel zu ō gedehnt worden. *ōnə (anen)* ahnen, *bōdn (baden)* baden, *sōñ (sagen)* sagen, *gôwl (gabel)* Gabel, *gôr (gar)* gar, *grôs (gras)* Gras, *rôdwer (radeber)* Schubkarren,

[1]) Der häufigere Hinweis auf die Lautverhältnisse der erzgebirgischen Mundart hat den Zweck, im einzelnen darzulegen, wie sehr der Brüxer Dialect von seinem erzgebirgischen Nachbardialect verschieden ist, und dass das Erzgebirgische (ein organischer Theil des Obersächsischen) durchaus nicht als Grundlage für den Brüxer Dialect angenommen werden darf. — Gleichzeitig mag hier eine Bemerkung über die angeführten Beispiele Platz finden. Ihre Zahl dürfte vielleicht manchem Leser zu groß erscheinen. Doch ich hege die Überzeugung, dass nur durch Vorführung reichlicher Belege ein annäherndes Bild des Wortschatzes und der Wortformen vermittelt werden kann. Untersuchungen, die sich nur über einen Dialect verbreiten, ohne das Beobachtungsmaterial selbst zu bieten, scheinen mir im voraus das Hauptziel verfehlt zu haben, besonders dann, wenn kein Wörterbuch des betreffenden Dialectes vorhanden ist, und das ist ja gewöhnlich der Fall.

ô (ab) ab, ô- (an) an, hôs (hase) Hase, hô- (han) Hahn, rôb (rabe) Rabe,
šlôx (slac) Schlag, dôx (tac) Tag, hôwər (haber) Hafer, lôm (lam) lahm,
mônə (manen) mahnen, šôr (schar) Schar, grôb (grap) Grab.

Ausnahmen: šdəm (stam) Stamm, gləd (glat) glatt haben immer
Kürze, „satt" kommt als sôd und sod vor. — Die Erscheinung, dass
gewisse Nachsilben (besonders -el und -er) die Kürze der Stammsilbe
begünstigen, beschränkt sich auf wenige Fälle: sodl (satel) Sattel,
fodər (vater) Vater, khomər (kamer) Kammer, homər (hamer) Hammer,
dsobln (zabeln) zappeln, soməd (samît) Sammt, dsom (zesamen) zusammen,
somln (sameln) sammeln. Diese Art von Ausnahmen ist auch in anderen
md. Mundarten und im Nhd. bekannt. Wilmanns (a. a. O., S. 219) erklärt
sie in folgender Weise: „Namentlich -er, weniger -el und -en begünstigen
die Erhaltung, respective die Entwickelung kurzer Vocale. Wenn diese
Silben vocallos gesprochen werden, wird der vorangehende Consonant in
die erste Silbe gedrängt und die Stammsilbe in eine geschlossene ver-
wandelt."

Andere Ausnahmen von der angegebenen Regel gehen aus dem
Bedürfnis hervor, ähnlich klingende Wörter zu differencieren; kurz ist
šodn (schate) Schatten, wegen šôdn (schade) Schaden, šol (schal) Schall,
wegen šôl (schale) Schale fol (val) Fall wegen fôl — fahl, bon (ban) Bann
wegen bô-(bane) Bahn, bləd (blate) Platte wegen blôd (blat) Blatt.

3. Vor schwerer Consonanz ist mhd. a zu o (kurz, offen) geworden.

ox (ach) ach, old (alt) alt, ond (ande) übel zumuthe, oñer (anger)
Anger, domb (dampf) Dampf, golñ (galge) Galgen, holn (halten) halten,
gons (gans) Gans, hond (hant) Hand, sobn (sappen) plump einhergehen,
oxd (aht) acht, soñg (sanc) Sang, flogs (vlahs) Flachs, solb (salbe) Salbe,
moxn (machen) machen, khord (karte) Karte, šwords (swarz) schwarz.

Ausnahmen: ôrd (art) Art hat Länge nach dem Vorbilde des
Schriftdeutschen angenommen. — Aus mhd. arbeit ist durch Umlaut
erbd geworden, doch kommt daneben orwəd vor, ebenso durch falschen
Umlaut els aus alles neben ols.

4. Die unter 2 und 3 angeführten Fälle bedeuten eine starke Hinneigung des ursprünglichen a-Lautes zu dem extremen dumpfen u-Laut.
Eine besonders bemerkenswerte Erscheinung ist es daher, wenn auch
ein (allerdings nur vereinzeltes) Hinstreben in entgegengesetzter Richtung,
nämlich zu i, wahrgenommen werden kann. Es ist dies in der Bezeichnung der Wochentage sundiχ, mo-diχ, fric̦diχ u. s. w. der Fall. Dieses
Abirren von der Hauptregel ist wohl dadurch zu erklären, dass man
das Grundwort der Zusammensetzung nicht mehr als Substantivum,
sondern als Ableitungssilbe fühlte nach dem Muster von Wörtern wie
hondiχ — handig, āc̦ weniχ = inwendig, windiχ — windig, bərdiχ == bärtig
u. s. w. Beweis dafür ist, dass in seltener vorkommenden Zusammensetzungen
mit dôx wie fâc̦ərdôx = Feiertag stets der regelrechte ô-Laut erscheint.

Eine vergleichbare Verstümmlung ist vorhanden in dem Worte *holmiχ* =
halbwegs. Gleichfalls eine Hinneigung nach der Seite des *i* scheint in den
Wörtern *háməd* = Heimat und *lič͜məl* = Leinwand vorzuliegen. Auch hier
hat der Accent der Stammsilbe den Vocal der zweiten Silbe zur völligen
Bedeutungslosigkeit herabgedrückt. Wir werden später sehen, dass die
Reduction der Nachsilbe -*heit* zu -*əd* (z. B. *wôrəd* = Wahrheit, *gəwônəd* =
Gewohnheit) diesen Vorgang begünstigte. Ähnlich wurde in dem Worte
„Nachbar" der *a*-Laut zu *ə* abgeschwächt: *noxbər*. Dasselbe gilt von
den Zusammensetzungen mit *dar: dərnôx* = danach, *dərfir* = dafür,
dərwîdər = dawider. Dagegen muss das stammhafte *e* in *derf* = darf
nicht als eine Abschwächung von *a* aufgefasst werden, sondern es ist
aus dem Plural *derfn* = dürfen eingedrungen.

5. Unter ganz besonderen Umständen tritt mundartlich *a* in gewissen Wörtern ein. Der Dialect hat nämlich als Deminutivbildnerin die
Silbe -*le*, verkürzt -*l*. Dieses -*l* aber bewirkt eine Art Rückumlaut
in solchen Wörtern, in denen ein mhd. *a* zu *o* verdumpft worden ist.
So bildet *of* = Affe das Deminutivum *afl*, *dox* = Dach das Deminutivum
daxl, *sog* = Sack das Deminutivum *sagl*, *doš* = Tasche das Deminutivum
dašl, *khomər* = Kammer das Deminutivum *khamərlə*, *homer* = Hammer das
Deminutivum *hamərlə*. In *fodərlə* = Väterchen ist allerdings *o* häufiger als
das zu erwartende *fadərlə*. Das Deminutivum von *mô~* lautet *manl*; es
ist also hier nicht nur die ursprüngliche Qualität, sondern auch die ursprüngliche Quantität des Lautes wieder hergestellt worden.

Die anderen Wörter, welche infolge leichter Consonanz *ô* haben,
nehmen als Deminutiva mit folgendem -*l â* an: *hô~* wird zu *hinl*, *hôs*
zu *hásl*, *glôs* zu *glásl*, *grôs* zu *grásl*.

Doch muss ausdrücklich betont werden, dass kein anderes Ablei-
tungs -*el* oder -*l* so wirkt. Das zeigt sich in der Wendung *honl un wonl* =
Handel und Wandel oder in dem Worte *oñl* = Angel. Noch deutlicher
wird der Unterschied in den Wörtern *ánə khonl* = eine Kanne und
ə khanl = ein Kännlein. — Die Wörter *honl, wonl, oñl* u. s. w. liefern also
den Beweis, dass die Mundart nicht von Haus aus eine Abneigung gegen
derartige Lautverbindungen hatte, sie liefern aber auch den Beweis, dass
nicht der l-Laut an und für sich diesen Rückschlag zum früheren Lautstand verursachte, sondern gerade nur das Deminutiv-*l*. Eine Erklärung
dieser rückläufigen Lautbewegung lässt sich nicht geben. Im Erzgebirgischen ist dieser „Rückumlaut" viel ausgedehnter (Goepfert, S. 6).
Auch das Egerländische kennt ihn (Gradl, S. 41).

6. Ganz vereinzelt erscheint *u* für mhd. *a* in *flunš fem.* = verzo-
gener Mund, mürrisches Gesicht von mhd. *vlans stm.* Redensart: *ánə
flunš moxn* = ein betrübtes Gesicht zeigen.

7. Besonders zu nennen sind die Formen des Hilfszeitwortes „haben"
îχ hô, du hosd, êr hod, mər hom, îr hod, si hom, Partic. *khodn*.

Mhd. *â* und *ä* in den Fremdwörtern.

1. Altes *â* hat sich nur in den Wörtern *gâx (gâch)* jähling und *štâd (stâte)* langsam erhalten, ebenso in allen Fremd- und Lehnwörtern. *brâf* = brav, *dâds* = Tasse, *desbərâd* = desperat, *delagâd* = delicat, *infâm* = infam, *miserâwl* = miserabel, *sbegdâgl* = Spectakel.

2. Das mhd. *â* ist in der Brüxer Mundart zu (geschlossenem) *ô* geworden.

ômd (âbent) Abend, *ôs (âs)* Aas, *brôx (brâche)* unbesäetes Land, *brôdn (brâden)* Dunst, *gôb (gâbe)* Gabe, *grôf (grâve)* Graf, *hôr (hâr)* Haar, *grôm (krâm)* Ware, *lôx (lâge)* Lage, *nôdl (nâdel)* Nadel, *šdrôs (strâӡe)* Straße, *ôl (âl)* Aal, *blô (blâ)* Wagentuch, *wôr (wâr)* wahr, *wôx (wâge)* Wage, *šbô- (spân)* Span, *blôx (plâge)* Plage, *môl (mâl)* Mal.

Ausnahmen: In folgenden Wörtern ist an Stelle des mhd. (langen) *â* kurzes (offenes) *o* eingetreten: *glofdər (klâfter)* Klafter (daneben oft *glufder*), *rox (râche)* Rache, *blodərn (blâteren)* Blattern, *jomər (jâmer)* Jammer. Die meisten dieser Fälle stellen sich als Analogien zu den oben erwähnten Ableitungen auf *er-* u. s. w. dar. Das mhd. *laӡen* erscheint als *losn* und *lesn*.

3. Mhd. *â* wurde zu dialectischem *u* in zwei Wörtern: *mundn (mâne)* Mond, *burd fem.* (von *bâht stm.)* alter Kram. (Das Erzgebirgische hat viel mehr solche Fälle (Goepfert, S. 15, 16).

4. Übergang von *â* zu *û* lässt sich nicht sicher constatieren, denn das in Betracht kommende *wû* = wo ist auf das mhd. *wô*, nicht *wâ* zurückzuführen.

5. Vollständig vernichtet ist ursprüngliches *â* in dem Worte *hâc'rd (hîrât)* Heirat; es liegt abermals eine Formvernichtung durch die Wucht des Accentes vor.

Mhd. *ae.*

Mhd. *ae* (umgelautetes *â*) ist in der Brüxer Mundart zu (geschlossenem) *ê* geworden.

hêl (haele) Verheimlichung in der Redensart *khâ⁻ hêl moxn* = nicht verheimlichen, *mêə (maen* oder *maejen)* mähen, *nê (naehe)* Nähe, *mêsiχ (maeӡic)* mäßig, *bəgwêm (bequaeme)* bequem, *gnêdiχ (gennaedic)* gnädig, *gšbrêx (gespraeche)* Gespräch, *khês (kaese)* Käse, *rêdsl (raetsel)* Räthsel, *šêr (schaere)* Schere, *šwêχerin (swaegerinne)* Schwägerin.

Ausnahmen: In mehreren Wörtern tritt offenbar nach dem Vorbilde des Schriftdeutschen kurzer Vocal statt der Länge ein: *bədeχdiχ (bedaechtic)* bedächtig, *gədeχtnis (gedaechtnisse)* Gedächtnis, *reχn (raechen)* rächen. Hierher gehören auch die Formen des *Conj. praet.* von denken und bringen *(dengn, breñə)*: *deχd, breχd.* — Die regelrechte Form von mhd. *aederlin* sollte dialectisch *êdərlə* lauten, sie kommt aber nicht vor, sondern statt ihrer *ōdərlə* (mit Unterlassung des Umlautes) und *ādərlə* (mit dem oben erwähnten Rückumlaut).

Das Erzgebirgische hat statt *ē* in den obenerwähnten Beispielen meist *ā* (Goepfert, S. 6).

Mhd. (offenes) *e*.

1. Mhd. *e* wird in der Brüxer Mundart vor leichter Consonanz zu (geschlossenem) *ē* gedehnt.

ēdl (edel) edel, *hēm (heben)* heben, *hēn (hegen)* hegen, *jēχər (jeger)* Jäger, *lēχ (lege)* das Gelegte, die Reihe (besonders beim Mähen des Getreides gebraucht), *šēwiχ (schebic)* schäbig, *gnēwl (knebel)* Knebel, *ēsl (esel)* Esel, *dsēln (zeln)* zählen, *khērn (kern)* kehren, *gēnd (gegend)* Gegend, *khegl (kegel)* Kegel, *rēd (rede)* Rede, *nēmliχ (nemelich)* nämlich, *šēdiñ (schedigen)* schädigen, *hēr (her)* Heer, *bašēriñ (bescherunge)* Bescherung, *brēdiñ (bredigen)* predigen, *sēnə (senen)* sehnen, *gəwēnə (gewenen)* gewöhnen.

Ausnahmen: *bledern (bleteren)* blättern hat (wahrscheinlich nach nhd. Muster) kurzen Stammvocal, obwohl das Grundwort *blôd* = Blatt langen Vocal zeigt. — Das Wort *khid* = Schar Rebhühner dürfte nicht mit „Kette" (mhd. *keten*) in Verbindung zu bringen sein.

2. Mhd. *e* ist vor den schweren Consonanzen kurzes offenes *e* geblieben.

deg (decke) Decke, *end (ende)* Ende, *renə (rennen)* rennen, *held (helt)* Held, *hem (hemde)* Hemd, *meñə (mengen)* mengen, *šweχn (swechen)* schwächen, *eñl (engel)* Engel, *begər (becker)* Bäcker, *mesdn (mesten)* mästen, *bed (bette)* Bett, *welm (welben)* wölben, *menš (mensch)* Mensch, *mergn (merken)* merken, *erm (erben)* erben, *merds (merze)* März, *ferdiχ (vertic)* fertig, *beχ (pech)* Pech, *beχər (becher)* Becher.

Ausnahmen: *ēl (elle)* Elle, *ēlend (ellende)* Elend, *ēnder (end)* eher.

Im Erzgebirgischen geht dieser Laut vielfach in *a* oder *ā* über (Goepfert, S. 5, 6).

Mhd. (geschlossenes) *ë*.

1. Mhd. *ë* erscheint in der Brüxer Mundart vor leichter Consonanz als (geschlossenes) *ē*:

bēsn (bësen) Besen, *khēfr (këver)* Käfer, *lēm (lëben)* Leben, *lēwər (lëber)* Leber, *nēwl (nëbel)* Nebel, *rēgl (rëgel)* Regel, *šēdl (schëdel)* Schädel, *šdēχ (stëc)* Steg, *bēdn (bëten)* beten, *brēt (brëd)* Brett, *ēm (ëben)* eben, *ēwər (ëber)* Eber, *lēdiχ (lëdic)* ledig, *fēdər (fëder)* Feder, *sēn (sëhen)* sehen, *mēl (mël)* Mehl, *drēdn (trëten)* treten, *gənēsn (genësen)* genesen.

Ausnahmen: Folgende Wörter zeigen kurzes, offenes *e*: *weder (wëter)* Wetter, *fedər (vëter)* Vetter, *dsëdl (zëtel)* Zettel, *deməriñ* = Dämmerung, *seml (sëmel)* Semmel. Man wird den Grund dieser Ausnahmen wieder unschwer in dem Einfluss der Ableitungssilben ·er und ·el auf die Quantität der Stammsilbe erblicken. — Das einzige Wort *ghcîr (geswër)* Geschwür hat (wahrscheinlich abermals unter der Einwirkung der Schriftsprache) sein *ë* zu *î* werden lassen.

2. Mhd. *ë* blieb kurz vor schweren Consonanten, wurde aber regelmäßig zu offenem *e*.

breχn (brëchen) brechen, *helm (hëlm)* Helm, *herds (hërze)* Herz, *heśn (hëschen)* mühsam Athem holen, *khelər (këller)* Keller, *mes (mësse)* Messe, *nesl (nëst)* Nest, *reχd (rëht)* recht, *śwerd (swërd)* Schwert, *bleχ (blëch)* Blech, *sesl (sëχχel)* Sessel, *bensl (bënsel)* Pinsel, *seldn (sëlten)* selten, *esn (ëχχen)* essen, *fel (vël)* Fell, *gesdərn (gëster)* gestern, *gneχd (knëht)* Knecht, *khern (kërn)* Kern, *śderm (stërben)* sterben, *hel (hël)* hell, *fenslər (vënster)* Fenster, *grebs (krëbs)* Krebs.

Ausnahmen: *ërd (ërde)* Erde hat vermuthlich nach dem Vorbilde der Schriftsprache *ë*, *hilf (hëlfe)* Hilfe aus demselben Grunde *i*, ebenso *śmîriχ (smërwic)* schmierig. — Nhd. „gerne" schwankt in der Mundart zwischen *gêrn und gern*.

Zum *e*-Laut, ob er nun auf mhd. *ë* oder *e* zurückgeht, muss nachgetragen werden, dass der Dialect vielfach Schwankungen zwischen *e* und *a* aufweist, und zwar ist der *e*-Laut mehr der städtischen Mundart eigen (wahrscheinlich unter dem Einfluss des Schriftdeutschen), während in der Sprache der Dorfbewohner *a* vorwiegt. Doch wird auch hier das *a* vielfach als unfein und veraltet aufgefasst, so dass es als ein Tadel gilt, wenn man jemandem nachsagt, er spreche *khum hâr, gi wag* komme her, geh weg. Beispiele: *śêr* und *śâr (schëre)* Schere, *reχd* und *raχd (rëht)* recht, *nem* und *nam (nëmen)* nehmen, *nesd* und *nasd (nëst)* Nest, *mesər* und *masər (mëχχer)* Messer, *meln* und *maln (mëlden)* melden, *lëwər* und *lâwer (lëber)* Leber, *glegn* und *glagn (klëcken)* ausreichen, genügen, *herds* und *hards (hërze)* Herz, *breχn* und *braχn (brëchen)* brechen, *gêm* und *gam (gëben)* geben, *ërd* und *ârd (ërde)* Erde, *brêd* und *brâd (brët)* Brett, *bfêr* und *bfâr (phert)* Pferd.

Bei manchen Wörtern sind solche Doppelformen schon im Mhd. nachweisbar: *śêmə-śâmə (schemen, schamen)* schämen, *sêñ-sâñ (segen, sagen)* sägen, *sêwl-sâwl (sebel, sabel)* Säbel, *hêr-hâr (hër, har)* her.

Das Erzgebirgische hat vor leichter Consonanz in den meisten Fällen *â* (Goepfert, S. 5), vor schwerer Consonanz *a*.

Mhd. *e*

hat sich in der Mundart als *ê* (lang und geschlossen) erhalten.

rê (rê) Reh, *śnê (snê)* Schnee, *sêl (sêle)* Seele, *êr (êre)* Ehre, *êwiχ (êwic)* ewig, *glê (klê)* Klee, *ê (êwe, ê)* Ehe, *mêr (mêr, mê)* mehr, *ślê (slêhe)* Schlehe.

Ausnahmen: Vocalverkürzung ist eingetreten in *erśd (êrste)* erst, *lerχ (lêrche)* Lerche. — Das mhd. *sêse* ist dialectisch zu *sans* geworden. Wenn aus mhd. *zêhe* = Zehe in der Mundart *dn̄* entstanden ist, so war wohl das Bedürfnis vorhanden, dieses Wort von dem ähnlich klingenden *dse⁻* = Zähne zu unterscheiden. Übrigens liegt derselbe Übergang von *ê* zu *î* auch in den Wörtern *gîə (gên)* gehen und *ǐdîə (stên)* stehen vor. Offenbar scheute die Mundart davor zurück, die Formen *gêə* und *ǐdêə* zu bilden. Conjugiert werden aber diese Verba in folgender Weise: *gî, giəd* (Verkürzung), *gid, gîə, gid, gîə;* ebenso *ǐdî* u. s. w. Die beiden Wörter *herǐoft* (Herrschaft) und *gəbler* (Geplärre) wird man mit Baldes (a. a. O., S. 15) nicht auf mhd. *hêrschaft* und *geblêre*, sondern auf die Nebenformen *hërrschaft* und *geblërre* zurückführen müssen.

Mhd. i.

1. Der kurze *i*-Laut des Mhd. ist in der Brüxer Mundart vor leichter Consonanz in der Regel zu (langem) *î* geworden.

liū (ligen) liegen, *rîə (rîə)* Riese, *ǐǐfər (schifer)* Splitter, *sîm (sîben)* sieben, *ǐbîl (spil)* Spiel, *fîl (vil)* viel, *bîvl (bibel)* Bibel, *hî⁻ (hin)* hin, *nûdər (nider)* nieder, *ǐrîd (schrit)* Schritt, *drûd (trit)* Tritt, *îgl (igel)* Igel, *sîn (sigen)* siegen, *sûdər (sîder)* nachmals, seither, *ǐmûd (smit)* Schmied, *sî⁻ (sin)* Sinn.

Ausnahmen: Kurz geblieben sind *in (in)* in (zum Unterschiede von *î⁻ = eum* (wenn es im Satze den Ton trägt), *mid (mit)* mit. — Dagegen ist die Kürze durch die bekannte Wirkung der Endsilben *-el* und *-er* zu erklären in: *khibln (kibeln)* zanken, *himl (himel)* Himmel, *ǐimel (schimel)* Schimmel, *gəwûlər (gewiter)* Gewitter. — *bidn (biten)* bitten hat ebenfalls sein kurzes *i* bewahrt.

Die beiden Wörter „Schlitten" (mhd. *slite)* und „Kittel" *(kitel)* schwanken in der Quantität des *i*. Sie lauten gewöhnlich *ǐlidn* und *khidl*, doch hie und da auch *ǐlidn* und *khidl*. — Trotz leichter Consonanz hat mhd. *bin* = Biene seine Kürze erhalten: *bin*. — Die Kürze der Wörter *gǐid* = geschieht, *gid* = gibt wird bei der Formenlehre zur Sprache kommen.

2. Vor schwerer Consonanz ist mhd. *i* in der Mundart gewöhnlich kurz geblieben.

dig (dicks) dick, *diñg (dinc)* Ding, *disdl (distel)* Distel, *giǐ (gis)* Schaum, *ǐbidə (spitze)* Spitze, *glidsərn (glitzen)* glänzen, *khind (kint)* Kind, *nign (nicken)* nicken, *friǐ (vrisch)* frisch, *siχl (sichel)* Sichel, *siñə (singen)* singen, *riñg (ring)* Ring, *ǐwinl (swindel)* Schwindel, *ǐindn (schinden)* schinden, *giχd (giht)* Gicht, *gǐiχd (geschihte)* Geschichte, *gǐwisdər (geswister)* Geschwister, *gifd (gift)* Gift, *riχdər (rihter)* Richter, *bəgrif (begrif)* Begriff, *ǐif (schif)* Schiff, *blig (blic)* Blick, *bidər (bitter)* bitter, *hidə (hitze)* Hitze, *rinə (rinnen)* rinnen, *ǐrifd (schrift)* Schrift, *lisd (list)* List, *gsin (gesinde)* Gesinde, *bindn (binden)* binden, *ridə (riz)* Ritze, *linə (linse)* Linse, *riǐ (risch)* schnell, frühzeitig, *niχ (nicht)* nicht, *niǐd* nichts, *driχdər (trichter)* Trichter, *siχ (sich)* sich.

Ausnahmen: Langes *î* statt der zu erwartenden Kürze begegnet in den Wörtern *šmîrn (smirҫen)* schmieren, *khî- (kinne)* Kinn, *bîs (biʒ)* Biss, *rîs (riʒ)* Riss, *šlîf (schlif)* Schliff, *šdîʒ (stich)* Stich, *mîʒ (mich)* mich, *dîʒ (dich)* dich.

3. Besondere Beachtung verdienen die Wörter, in denen auf *i* des Stammes *r* + Consonant folgt. Hier wurde *i* dem folgenden Kehlkopf-r assimiliert und in offenes *e* umgelautet. Ansätze zu der erwähnten Umgestaltung finden sich bekanntlich schon im Mhd. (mhd. *scherm* neben *schirm*, *scherbe* neben *schirbe*) und vielfach · in anderen Mundarten, aber in der Brüxer Mundart ist sie zur Regel geworden.

šerm (schirm) Schirm, *šder (stirne)* Stirne, *werd (wirt)* Wirt, *khern (ge-hirne)* Hirn, *herd (hirte)* Hirt, *herš (hirʒ)* Hirsch, *kherʒ (kirche)* Kirche, *heršš (kirse)* Kirsche, *šerm masc. (schirbe fem.)* Scherbe, *gšer (geschirre)* Geschirr, *wersd = wirst*, *werd = wird*, *ber (bir)* Birne, *gaberʒ (gebirge)* Gebirge, *daeryl (zirkel)* Zirkel, *nerůds = nirgend*, *er = irre*, *varwerd = verwirrt*, *dswerncliʒ = zwirblig*, schwindlig, *schern = schirren*.

Vorangehendes *r* scheint die besprochene Wirkung gehabt zu haben in *breňa (bringen)* bringen.

Ausnahme: Mhd. *hirs = Hirse* erscheint als *hîrš* zur Unterscheidung von *herš = Hirsch*.

In diesem Punkte stimmt der Brüxer Dialect mit dem Erzgebirgischen vollkommen überein (Goepfert, S. 7).

4. Als Beispiel für *Svarabhakti-i* ist im Brüxer Dialect *miliʒ = Milch* anzuführen. Dieses *i* ist in dem angeführten Worte alt und kommt auch anderwärts vor (Waniek, S. 29). Als zweiter Beleg aus dem Sprachschatze der Brüxer Mundart muss das Wort *öriʒ = arc* angesehen werden, und zwar wird es bei Hunden in der Bedeutung „bissig, wachsam" gebraucht.

5. Die Pronomformen *mir* und *dir* erscheinen nur im Falle der Betonung als *mîr* und *dîr*, sonst aber mit Vocalschwächung als *mar* und *dar*.

6. Höchst auffallend ist *âç* in *dswâçgn (zwicken)* zwicken.

Das Erzgebirgische hat (besonders in Präsensformen starker Verba) vielfach *a* für altes *i*, z. B. *îʒ brax = breche*, *nam = nehme*, *traf = treffe*, *sâ = sehe* u. s. w. (Goepfert, S 6); der Brüxer Dialect kennt diese Lautgebung ganz und gar nicht.

Mhd. i

ist zum Diphthong *âç* geworden.

bâçl (bil) Beil, *âçfer (îfer)* Eifer, *âçl (île)* Eile, *grâçd (krîde)* Kreide, *fâçarn (vîren)* feiern, *krâçm (schrîben)* schreiben, *šnâçdar (snîder)* Schneider, *gâçʒ (gîge)* Geige, *hwâçů (swîgen)* schweigen, *gadîça (gedîhen)* gedeihen, *drâç (drî)* drei, *bâç (bî)* bei, *wâçů (wîchen)* weichen, *glâçʒ (glîch)* gleich, *khâçů (kîchen)* keuchen, *šlâçů (slîchen)* schleichen, *šlâçfn (slîfen)* schleifen, *láₑ·b (lîp)* Leib, *ŝáₑ·· (schîn)* Schein, *kháₑ·l (kîl)* Keil, *ráₑ·ɐn (rî̧ɛen)* reißen, *ấₑ·ɐ (îₐ)* Eis, *háₑ·rd (hîrat)* Heirat.

Ausnahmen: Die Possessivpronomina *máₑ·· (mîn), dáₑ·· (dîn), sáₑ··· (ŝîn)* sind in diesen Formen regelmäßig, im Acc. sing. masc. und Dat. pl. dagegen lauten sie mit Verkürzung des Diphthonges zu *a: man, dan, ŝan.* *drîb* = Trieb dürfte jüngeren Ursprungs sein, *diχd* nicht auf mhd. *dihte*, sondern auf ein bereits verkürztes *diht* zurückgehen (Baldes, S. 17). — Das mhd. *hôch(ge)zît* erscheint zunächst in der Form *huxdₐɔd*, wobei wieder der starke Hochton der ersten Silbe die Reduction des *î* bewirkt haben mag. Vielleicht beförderten die oben erwähnten Ableitungen auf *-ₐd (-heit)* wie *wôrɔd, gₐwôⁿₐd* u. s. w. diesen Vorgang. Das genannte Wort erscheint aber auch in der Form *huxdₐiχ*. Hier haben wir es offenbar mit einer Verstümmelung nach den zahlreichen Adjectivformen auf *-iχ (-ig)* zu thun. — Ob in dem Deminutivsuffix *-l* oder (mit falscher Weiterbildung) *-ₐrlₐ* eine Verkürzung des alten *-lîn* vorliegt, möge dahin gestellt sein. Beispiele solcher Ableitung: *riñl* und *riñₐrlₐ* = ein kleiner Ring, *ŝdàⁿl* und *ŝdàⁿₐrlₐ* = ein kleiner Stein, *handl* und *handₐrlₐ* = Händchen, *háₑ·ₐl* und *háₑ·ₐrlₐ* = Häuschen. Die kürzere und die längere Form sind gleich häufig.

Schließlich ist noch zu erwähnen, dass Verba der *i*-Classe in der 2. und 3. Person sing. praes. gern statt des Diphthonges *áₑ·* kurzes *u* annehmen, z. B. *îχ ŝnáₑ·d* = ich schneide, *dîi ŝnadₐd* = du schneidest, *êr ŝnad* = er schneidet. Das Erzgebirgische hat in diesem Falle kurzes *e* (Goepfert, S. 8).

Mhd. o.

1. Mhd. *o* ist vor leichten Consonanten in der Regel zu *û* geworden. *hûf (hof)* Hof, *hûl (hol)* hohl, *bûdn (bodem)* Boden, *gnûdn (knote)* Knoten, *bûd (bote)* Bote, *sûl (sole)* Sohle, *bûñ (boge)* Bogen, *fûgl (vogel)* Vogel, *hûwl (hobel)* Hobel, *ûm (oben)* oben, *ûfn (oven)* Ofen, *grûb (grob)* grob, *khûl (kol)* Kohle, *gflûñ (geflogen)* geflogen, *gₐbûñ (gebogen)* gebogen.

Ausnahmen: Kurzes *u* haben angenommen: *dudₐr (toter)* Dotter und *dunₐr (doner)* Donner (Wirkung der Endsilbe *-er*); ferner *dul (tol)* toll, *vul (vol)* voll, *fun (von)* von, *khumₐ (komen)* kommen. Wenn *gₐbôrn (geboren)* geboren und *dôr (tor)* Thor langes *ô* entwickelt haben, so haben wir hier· wie auch bei einigen Wörtern unter 2. eine Wirkung des *r* zu erkennen, welches *o* vor dem Übergang zu dem weniger homogenen *u* schützt (vgl. das oben über die Lautverbindung *e + r +* Consonanten Gesagte). — Ebenfalls *ɔ* begegnet uns in *ôdₐr (oder)* oder, *môs (mos)* Moos, *lôb (lop)* Lob, *lôm (loben)* loben und *ôbₐd (obeɛ)* Obst. — Ganz für sich steht *eb (ob)* ob. — Mhd. *gewonheit* = Gewohnheit begegnet in folgenden schwankenden Formen: *gₐcûⁿₐd, gₐcôⁿₐd, gₐcêⁿₐd.* — Die

Formen *sel* soll, *selsd* sollst, *seln* sollen haben ihren *e*-Laut vermuthlich nach *derf*, *derfsd*, *derfn* gebildet; oder soll man vielleicht das alte *sal* zugrunde legen? — Wenn mhd. *honic* dialectisch als *hēniχ* erscheint, so liegt nur die regelrechte Umlautung vor. — *selχ* für *solch* geht auf *sülch* zurück. — *dēbsen* = toben ist umgelautet aus mhd. *topaχen*. —

2. Vor schwerer Consonanz tritt für mhd. *o* gewöhnlich (kurzes) *u* ein.

gnub (knopf) Knopf, *khub (kopf)* Kopf, *glubn (klopfen)* klopfen, *drubn (tropfen)* Tropfen, *hubn (hopfe)* Hopfen, *lux (loch)* Loch, *rug (roc)* Rock, *lugn (locken)* locken, *glug (glocke)* Glocke, *khusd (kost)* Kost, *ugs (ohse)* Ochs, *slus (sloχ)* Schloss, *bulsdər (polster)* Polster, *guld (golt)* Gold, *mulgn (molken)* Molke, *sbud (spot)* Spott, *sdug (stoc)* Stock, *fulñ (volgen)* folgen, *wulf (wolf)* Wolf, *ruln (rollen)* rollen, *frusrl (frost)* Frost, *ufd (oft)* oft, *ufn (offen)* offen, *hufn (hoffen)* hoffen, *bug (boc)* Bock, *duxdər (tohter)* Tochter, *sub (schoppe)* Schuppen, *khuxn (kochen)* kochen.

Ausnahmen: Bei folgendem *r* + Consonanten ist mhd. *o* gewöhnlich erhalten geblieben, nur vereinzelt kommt *u* vor: *mord (mort)* Mord, *ordns (ordnen)* ordnen, *dorn (dorn)* Dorn, *dorf (dorf)* Dorf, *sorñ (sorgen)* sorgen, *morñ (morgen)* morgen, *horn (horn)* Horn, *khorn (korn)* Korn; schwankenden Vocal zeigen *durgln (torkrln)* neben *dorgln* und *urgl (orgel)* neben *orgl*. — *ūsdərn (oster)* Ostern hat trotz schwerer Consonanz *ū*. — *nōx (noch)* noch, *khōch (koch)* Koch haben *ō*. — Einen sonderbaren Vocal-wandel zeigt *dard* oder *dardn* = dort.

Wie sehr sich auch bezüglich des *o*-Lautes das Erzgebirgische von der Brüxer Mundart unterscheidet, beweist vor allem der Umstand, dass dem mhd. *o* im Erzgebirgischen die Laute = *o*, *u*, *ū*, *ů*, *ů* entsprechen (Goepfert, S. 13, 14, 15, 16).

In der Behandlung des *o*-Lautes scheint mir die Brüxer Mundart mehr dem Thüringischen als dem Gemein-Obersächsischen zu folgen. —

An dieser Stelle sei auch eines Wörtchens gedacht, dessen Vorkommen geeignet ist, ein Licht auf das Verhältnis der Brüxer Mundart zu den benachbarten Dialecten zu werfen. Es ist das Wörtchen *ok (og)* „ein im östlichen Erzgebirge (auch in der Oberlausitz *ak*) überaus häufiges Wort, das im Sinne von nur, bloß, doch auftritt" (Goepfert, S. 13). — Ich will nun hinzufügen, dass der Mittelgebirgsdialect und auch das Nordböhmische den Gebrauch dieses Wörtchens kennen. Es gehört so zu sagen zum Inventar der obersächsischen und der schlesischen Mundarten. Die Brüxer Mundart aber besitzt dieses Wörtchen nicht, obwohl es den beiden Nachbardialecten, dem Erzgebirgischen und Mittelgebirgischen eigen ist — ein Beweis mehr, dass wir den Brüxer Dialect nicht als einen vorgeschobenen Posten des sächsischen Erzgebirgsdialectes anzusehen haben. Übrigens hat in dieser Einzelfrage im Gegensatz zu seiner sonstigen Auffassung des sogenannten „Obersächsischen" in Böhmen Gradl das Richtige getroffen, wenn er sagt: „Dieses *ock*, *ocke* ist das Schiboleth des echten Obersachsen und Schlesiers, steht und fällt mit ihnen. Soweit *när (nur)* und dessen Abschleifungen gesprochen werden, ist man vom Schielen nach fränkischer oder bayrischer Art nicht frei zu sprechen" (Die ö.-u. Monarchie in Wort und Bild, Böhmen I, S. 608). Nun ist aber der Brüxer Dialect ein solcher „*när*" = Dialect, aber kein „*ock*" = Dialect.

Mhd. ö.

1. Mhd. *ö* (Umlaut des mhd. *o*) wurde vor leichter Consonanz zu *ê*. *hêf* Plural von *hûf (hof)* Hof, *êfn* Plural von *ûfn (ofen)* Ofen, *êl (öl)* Öl. Hierher gehört auch *hêniχ* als Umlaut des mhd. *honic.*

Ausnahme: Die Mundart hat in dem einzelnen Worte *êwərlenər* = Oberländer Umlaut eintreten lassen, in anderen Zusammensetzungen mit ober- z. B. *Owərdorf, ôwermdsder* = Obermeister u. s. w. nicht.

2. Mhd. *ö* entwickelte sich vor schwerer Consonanz zu kurzem offenem *e*.

šbediš (spöttic) spöttisch, *khebn (köpfen)* köpfen, *dseb (zöpfe)* Zöpfe, *gneb (knöpfe)* Knöpfe, *beg (böke)* Böcke, *begl* = Böcklein, *frešl* = Fröschlein, *welf* = Wölfe, *heldsərn* = hölzern, *kherb* = Körbe, *khernər* = Körner, *kherbər* = Körper, *werdl* = Wörtlein, *leχər* = Löcher, *kheχin* = Köchin.

Es ließe sich hier die Frage aufwerfen, wie in der Mundart die aus *a* entstandenen *o*-Laute im Falle der Umlautung behandelt werden. Ist z. B. *drêχsd, drêχd* als Umlaut von mhd. *trage* zu betrachten oder von dialectischem *drôx?* Die Streitfrage hätte eigentlich praktisch keinen Wert, denn sowohl der *a*-Umlaut *(trage)* wird dialectisch zum *e*-Laut als auch der *o*-Umlaut. Nun gibt uns aber die mundartliche Verschiebung des *o* zu *u* den gewünschten Aufschluss. Von dialectischem *šbud* = Spott bildet sich nicht das Adj. *šbidiš*, sondern *šbediš*, von *lux* = Loch nicht der Plur. *liχər*, sondern *leχer*, von *bug* = Bock nicht das Verkleinerungswort *bigl*, sondern *begl*. Es ist also für die Umlautung eines Wortes nicht dessen mundartliche, sondern dessen alte Form maßgebend. Diese Erkenntnis ist besonders für die Flexionslehre von Wichtigkeit. Das einzige Wort *dibl* = Töpfchen bildet ausnahmsweise von der mundartlichen Form *dub* seinen Umlaut, dagegen ist beispielsweise *khebl* = Köpfchen regelrecht von Kopf, nicht von *khub* abgeleitet.

Mhd. ô

ist in der Brüxer Mundart zu *û* geworden.

rûd (rôt) roth, *grûs (grôʒ)* groß, *hûx (hôch)* hoch, *glûsdər (klôster)* Kloster, *lûd (lôt)* Loth, *nûd (nôt)* Noth, *šdûs (stôʒ)* Stoß, *dûd (tôt)* todt, *brûd (brôt)* Brot, *flûg (vlô)* Floh, *frû (frô)* froh, *šlûs (slôʒe)* Schlosse, *bûsəd (bôsheit)* Bosheit, *lû- (lôn)* Lohn, *ûr (ôr)* Ohr, *mûr (môr)* Mohr.

Ausnahmen: Langes *ô* haben behalten *rô (rô)* roh, *khôl (kôl)* Kohl (wahrscheinlich zur Unterscheidung von *rû* = Ruhe und *khûl* = Kohle), *dô⁻ (tôn)* Thon, *grô⁻ (krône)* Krone, *rôr (rôr)* Rohr; kurzes *u* erscheint in *bun (bône)* Bohne und *rusd (rôst)* Rost. Auch bei diesen zwei Wörtern liegt offenbar ein Differencierungsbedürfnis vor. Mhd. *bône* sollte zu *bûn* werden, *bûn* (Nebenform zu *bûdn*) ist aber „Boden"; *rôst* sollte in *rûsd* sich verwandeln, *rûsd* ist aber in der Brüxer Mundart „Russ". Überdies haben noch kurzes *u* *šun (schôn)* schon und *huxdsix (hôchzît)* Hochzeit. — *mônad (mânôt)* Monat ist wohl durch das Nhd. beeinflusst.

Mdh. oe.

Für mhd. *oe* erscheint in der Brüxer Mundart *ê*.

bês (boese) böse, *lêsn (loesen)* lösen, *gədês (gedoeʒe)* Getöse, *grês (groeʒe)* Größe, *hê (hoche)* Höhe, *hênə (hoeneu)* höhnen, *šê⁻ (schoeu)* schön, *hêrn (hoeren)* hören, *šlêrn (stoeren)* stören, *nêdix (noetic)* nöthig, *êd (oede)* öde, *rêsdn (roesten)* rösten, *rêd (roete)* Röthe.

Anmerkung. Einige der angeführten Wörter zeigen eine Neigung zu *î*, z. B. *bîs* neben *bês*, *hînə* neben *hênə*, *šî⁻* neben *šê⁻*. Diese Wörter bilden abermals einen Beleg für den schon erwähnten Trieb der Mundart, ihre Vocale den äußersten Enden der Vocalreihe zu nähern.

Ausnahme: Der Compar. von *grûs (grôʒ)* groß und *šê⁻ (schoen)* schön sollte nach einer früheren Anmerkung über den Umlaut *grêsər* und *šênər* lauten, hat aber verkürzten e-Laut: *gresər* und *šenər* (Wirkung des -*er*), ebenso *hexər* = höher. Die Superlative lauten danach: *om gresdn, šensdn, hexsdn*. —

Das Erzgebirgische gewährt der erwähnten Neigung zu *î* einen noch weiteren Raum (Goepfert, S. 12).

Mhd. u.

1. Mhd. *u* wird in der Brüxer Mundart vor leichter Consonanz durch *û* vertreten.

sû⁻ (sun) Sohn, *khûgl (kugel)* Kugel, *jûd (jude)* Jude, *jûñd (jugent)* Jugend.

Ausnahme: In *budər (butter)* Butter ist kurzes *u* erhalten.

2. Vor schwerer Consonanz ist *u* in der Regel kurz geblieben.·

duršd (durst) Durst, *lufd (luft)* Luft, *šdurm (sturm)* Sturm, *drug (druc)* Druck, *dsugər (zucker)* Zucker, *šnubn (snupfə)* Schnupfen, *jub (juppe)* Jacke, *rug (ruck)* Ruck, *dsuñ (zunge)* Zunge, *dsumfd (zunft)* Zünft, *huñər (hunger)* Hunger, *juñg (junc)* jung, *hunərd (hundert)* hundert, *rumbln (rumpeln)* rumpeln, *šulər (schulter)* Schulter, *grumb (krumb)* krumm, *un (unde)* und, *unər (under)* unter, *nudsn (nutz)* Nutzen, *hund (hunt)* Hund, *gsund (gesunt)* gesund, *dunsd (dunst)* Dunst, *brusd (brust)* Brust, *rubn (rupfen)* rupfen, *grusd (kruste)* Kruste, *burx (burc)* Burg, *wurm (wurm)* Wurm, *wursd (wurst)* Wurst, *wurf (wurf)* Wurf, *luñ (lunge)* Lunge.

Ausnahmen: Unerklärlich ist es, warum folgende Wörter in der Mundart langen *u*-Laut angenommen haben: *gərûx (geruch)* Geruch, *gebûrd (geburt)* Geburt, *šûs (schuʒ)* Schuss, *šlûs (sluʒ)* Schluss, *brûx (bruch)* Bruch, *gûs (guʒ)* Guss, *bûš (busch)* Busch, *khûs (kus)* Kuss. — Mhd. *sunst* = sonst wird im Brüxer Dialect zu *sinsd*. Dasselbe Umspringen von *u* in *i* ist sonst noch zu bemerken in der Ableitungssilbe *-iñ (-ung): hufniñ* = Hoffnung, *dsûç·diñ* = Zeitung u. s. w., ferner in *khimsd* (mhd. *kumst)* kommst, *khimd* (mhd. *kumt)* kommt und *im (um)* um.

Auch im Verhalten zum *u*-Laute stimmt das Erzgebirgische wenig mit dem Brüxer Dialecte überein. So hat es unter anderem in allen Wörtern, wo auf altes *u* ein *r* folgt, *o* angenommen, z. B. *worm* (Goepfert. S. 13).

Mhd. ü.

1. Mhd. *ü* (der Umlaut von *u*) erscheint im Brüxer Dialect vor leichter Consonanz als *î*.

širn (schürn) schüren, *liχ (lüge)* Lüge, *mil(mille)* Mühle, *šbirn (spürn)* spüren, *dir (tür)* Thür, *hivl (hübel)* Hügel, *grîcln (grübeln)* grübeln, *khivl (kübel)* Kübel, *îvl (übel)* übel, *îwər (über)* über, *brîgl (brügel)* Prügel, *dsîgl (zügel)* Zügel, *flîgl (flügel)* Flügel.

Ausnahmen: In den Wörtern *khêniχ (künic)* König und *sê⁻ (sûne)* Söhne sind nicht die mhd. Formen, sondern die nhd. zugrunde zu legen.

2. Mhd. *ü* ist vor schwerer Consonanz durch (kurzes) *i* vertreten.

drign (drücken) drücken, *hid (hütte)* Hütte, *gnidl (knüttel)* Knüttel, *khid (kütte)* Schar, Herde, *ridln (rütteln)* rütteln, *risl (rüʒʒel)* Rüssel, *šdig (stück)* Stück, *bign (bücken)* bücken, *brig (brücke)* Brücke, *glig (gelücke)* Glück, *mig (mücke)* Mücke, *grig (krückc)* Krücke, *brisdn (brüstn)* brüsten, *gərisd (gerüste)* Gerüst, *risdiχ (rüstic)* rüstig, *din (dünne)* dünn, *ginə (günnen)* gönnen, *šidln (schütteln)* schütteln, *šdidə (stütze)* Stütze, *milər (müller)* Müller, *sind (sünde)* Sünde, *šisl (schüʒʒel)* Schüssel.

Ausnahmen: Der *u*-Umlaut ist ganz unterblieben in den Wörtern: *rugn (rücken)* rücken, *hubn (hüpfen)* hüpfen, *pflugn (pflücken)* pflücken, *lug (lücke)* Lücke, besonders *dsô·lug* = Zahnlücke. — In *khenə (künnen)* können liegt Anschluss an die nhd. Wortform vor, ebenso in *reχln (rücheln)* röcheln; in *grîbl (krüppel)* Krüppel ist Dehnung des *i*-Lautes eingetreten.

3. Bei dem Lautcomplex von mhd. *ü* + *r* + Consonanten hat *r* abermals den zu erwartenden *i*-Laut zu offenem *e* herabgedrückt.

šderdən (stürzen) stürzen, *werdən (würzen)* würzen, *bersd (bürste)* Bürste, *kherdən (kürzen)* kürzen, *ferχdn (vürhten)* fürchten, *derfn (dürfen)* dürfen, *fersd* = Fürst, *derfdiχ* = dürftig, *wermər* = Würmer, *werml* = Würmchen.

hat sich nach dem Vorbilde des Nhd. in der Brüxer Mundart zu *âọ*
entwickelt.

brâọsn (brûsen) brausen, *grâọd (krût)* Kraut, *lâọd (lût)* Laut, *hâọd
(hût)* Haut, *hâọs (hûs)* Haus, *râọ (rûch)* rauh, *âọs (ûʒ)* aus, *bâọx (bûch)*
Bauch, *brâọñ (brûchen)* brauchen, *brâọ⁻ (brûn)* braun, *mâọs (mûs)* Maus,
šâọfl (schûfel) Schaufel, *hâọfn (hûfe)* Haufen, *hâọñ (hûchen)* hauchen,
sâọfn (sûfen) saufen, *šlâọx (slûch)* Schlauch, *bâọə (bûwen)* bauen, *mâọər
(mûr)* Mauer, *šrâọm (schrûben)* schrauben, *mâọl (mûl)* Maul, *dsâọ⁻ (zûn)*
Zaun, *lâọ⁻ (lûne)* Laune, *râọšn (rûschen)* rauschen.

Ausnahme: Nur in dem Worte *dû* entspricht dialectisches *û* einem
älteren *ú*. — *jûgsn* = jauchzen ist (nach Baldes, S. 21) nicht auf mhd.
jûcheʒen, sondern auf eine Nebenform mit kurzem *u*-Laut zurückzuführen,
ebenso *uf* = auf. — Auffallend ist *khamsd (kûme)* kaum.

Mhd. *iu* kann entweder dem ahd. *iu* entsprechen oder der Umlaut
des (langen) *ú* sein. In beiden Fällen erscheint es in der Mundart
als *âọ⁻*.

bədâọ⁻dn (bediuten) verständlich machen, *bâọ⁻dl (biutel)* Beutel, *hâọ⁻ln
(hiulen)* heulen, *hâọ⁻d (hiute)* heute, *khâọ⁻l (kiule)* Keule, *khâọ⁻š (kiusche)*
keusch, *grâọ⁻ds (kriuze)* Kreuz, *lâọ⁻xdn (liuhten)* leuchten, *râọ⁻dl (riutel)*
Pflugreutel, *sâọ⁻fdsn (siuften)* seufzen, *brâọ⁻d (briute)* Bräute, *fâọ⁻xd (viuhte)*
feuchte, *dsâọ⁻x (ziuc)* Zeug, *gərâọ⁻š (geriusche)* Geräusch, *râọ⁻ (riuwe)* Reue,
nâọ⁻ (niuwe) neu, *gəhâọ⁻ər (gehiure)* geheuer, *gəmâọ⁻ər (gemiure)* Gemäuer,
lâọ⁻dn (liuten) läuten, *šâọ⁻ər (schiure)* Scheuer, *šdâọ⁻ər (stiure)* Steuer,
šbrâọ⁻ (spriu) Spreu. Auch in den Verbalformen *grâọ⁻xsd* = kriechst,
grâọ⁻xd = kriecht, *lâọ⁻xst* = lügst, *lâọ⁻xd* = lügt ist altes *iu* versteckt.

Ausnahmen: Wohl nach dem Vorbilde des Nhd. hat sich aus mhd.
natiurlich im Dialecte *nadirliʒ* = natürlich gebildet. — Unerklärliche
Vocalbildung zeigt *nêr (niuwer, niur)* nur.

Mhd. *ei* erscheint in der Brüxer Mundart als *âọ⁻* oder als *â*.
Beispiele für *âọ⁻*:

hâọ⁻liʒ (heilig) heilig, *âọ⁻⁻hâọ⁻msn (heimsen)* heimbringen, *âọ⁻d (eit)*
Eid, *âọ⁻ (ei)* Ei, *âọ⁻dər (eiter)* Eiter, *šmâọ⁻sn (smeiʒen)* schmeißen, *gâọ⁻sd (geist)*
Geist, *râọ⁻f (reif)* reif, *šâọ⁻dl (scheitel)* Scheitel, *grâọ⁻s (kreis)* Kreis,
khâọ⁻sər (keiser) Kaiser, *râọ⁻ñ (reichen)* reichen, *sâọ⁻ñ (seihen)* seihen,
dsâọ⁻xər (zeiger) Zeiger, *âọ⁻ñ (eigen)* eigen, *lâọ⁻m (leim)* Leim.

Beispiele für *â*:

bâ- *(bein)* Bein, *blâx (bleich)* bleich, *brâd (breit)* breit, *hâd (heide)* Haide, *hâl (heil)* gesund, *hâs (heiʒ)* heiß, *glâd (kleit)* Kleid, *mâsdər (meister)* Meister, *bâdə (beide)* beide, *brâd (breit)* breit, *âgl (eichel)* Eichel, *mânə (meinen)* meinen, *âmər (eimbər)* Eimer, *wâx (weich)* weich, *šdâ- (stein)* Stein, *sâd (seite)* Saite, *sâl (seil)* Seil, *sâf (seife)* Seife, *râs (reise)* Reise, *šâd (scheide)* Scheide, *šrâ (schrei)* Schrei, *lâd (leit)* leid, *lâsdn (leist)* Leisten, *hâmliʒ (heimelich)* heimlich, *hâs (heiʒ)* heiß, *gəma- (gemein)* gemein.

Ausnahmen: Die Wörter *ein, kein, klein* lauten in der Brüxer Mundart *â-, khâ-, glâ-*, im Acc. sing. masc. und Dat. plur. aber *an, khan, glan* mit kurzem *a*; ebenso hat *ham (heim)* heim kurzen *a*-Laut und *ladər =* Leiter; *gresdn*, von mhd. *kreisten* = stöhnen, ächzen, hat kurzes *e*. Mhd. *eilf* erscheint wie im Hochdeutschen als *elf*.

Mhd. *ei* (lautphysiologisch wahrscheinlich = *êļ*) hat also ausnahmsweise zwei Laute *âç* und *â* entwickelt. Das liegt sonst nicht in der Art unseres Dialectes. Wie kommt es nun, dass ein Theil der Wörter — es ist der kleinere Theil — auf der Zwischenstufe *âç* stehen geblieben ist, der andere Theil aber, der größere, Monophthongierung eintreten ließ?

An eine etwaige Beeinflussung des alten Diphthonges durch die folgenden Consonanten ist bei den Wörtern der ersten Gruppe nicht zu denken, denn erstens ist unsere Mundart im allgemeinen einem derartigen combinatorischen Lautwandel abgeneigt, zweitens weisen die angeführten Wörter der ersten Gruppe ganz verschiedene Lautcomplexe auf, Lautcomplexe, die auch in der zweiten Gruppe wiederkehren. Ich möchte auch diesmal — doch nur zögernd — als Erklärungsgrund für die meisten scheinbaren Ausnahmen das schon flüchtig berührte Differencierungsprincip anführen. Die in Betracht kommenden Wörter wären: *hâçliʒ* zum Unterschiede von Adj. *hâl* = heil, gesund; *âç : â =* auch; *râçf : râf =* Reifen, *šâçdl : šâdl =* Schädel, *râçñ : râñ =* rauchen, *sâçñ : sâñ =* harnen, *âçñ : âñ* eichen, *lâçm : lâm* (Nebenform zu *lêm =* Lehm). Wir hätten also die Erscheinung vor uns, dass eine größere Anzahl von Wörtern nur deshalb dem Zuge der Mundart nach Monophthongierung nicht gefolgt ist, weil diese Wörter mit anderen lautlich zusammengefallen wären. Sie müssten demnach als Ausnahmen gelten, und das Urtheil über mhd. *ei* sollte lauten: „Mhd. *ei* ist in der Regel im Brüxer Dialecte zu *â* geworden."

Eine Verwechslung zwischen nhd. *ei*, welches auf altes *ei* zurückgeht, und nhd. *ei*, welches aus mhd. *î* entstanden ist, findet nie statt. Dieses jüngere *ei* kann im Dialect niemals zu *â* werden, sondern immer nur zu *âç*.

Das Erzgebirgische hat für mhd. *ei ei* oder *ê*, aber nie *â* (Goepfert, S. 8).

Aus mhd. *ou* ist in der Brüxer Mundart *a* geworden.

bám (boum) Baum, *kháf (kouf)* Kauf, *láf (louf)* Lauf, *láb (loup)* Laub, *á (ouch)* auch, *ráx (rouch)* Rauch, *sám (soum)* Saum, *glám (glouben)* glauben, *áx (ouge)* Auge, *dáf (toufe)* Taufe, *dáb (toup)* taub, *dráf (troufe)* Traufe, *drám (troum)* Traum, *dsám (zoum)* Zaum, *fra (vrouwe)* Frau, *gáglu (goukeln)* Taschenspiele treiben, besonders in der Wendung *midn lix̣d gáglu* — unvorsichtig umgehen.

Ausnahmen: *ao* haben folgende Wörter: *gáoms (goume)* Gaumen, *háos (houwen)* hauen, *ráom (rouben)* rauben, *dáos (touwen)* thauen.

Die erzgebirgische Mundart zeigt gerade in jenen Gebieten, die dem Brüxer Bezirke am nächsten liegen, für *ou ô*, z. B. *bôm* = Baum (Goepfert, S. 7).

Mhd. *öu* (das umgelautete *ou*) ist in der Mundart zu *áç* geworden.

ráçwər (röuber) Räuber, *fráçd (vröude)* Freude, *háç (höu)* Heu.

Ausnahmen: Diesen wenigen Wörtern, welche uns den regelrechten Übergang von *öu* (wahrscheinlich über *êi̯*) zu *áç* darstellen, steht eine stattliche Reihe gegenüber, die statt des zu erwartenden *áç* den Monophthong *a* zeigen. Es ist nicht wahrscheinlich, dass diese Wörter etwa früher *áç* gehabt und uns in ihrer gegenwärtigen Gestalt die letzte Phase der Entwickelung zeigen, wie oben bezüglich mhd. *ei* ausgeführt wurde. Es ist vielmehr anzunehmen, dass sie den Umlaut von *ou* verschmähten und den Stammlaut *ou* regelrecht zu *a* trieben. Solche Wörter sind: *ráxern (röuchern)* räuchern, *drásn (dröuschen)* stark regnen, *bámər (böume)* Bäume, *kháfer (köufer)* Käufer, *gəláf (gelöufe)* Geläufe, *láfər (löufer)* Läufer, *láglu (löugenen)* leugnen, *drámə (tröumen)* träumen, *sámə (söumen)* säumen.

Während nun die Brüxer Mundart den Umlaut *öu* in zahlreichen Fällen unterdrückt, bevorzugt ihn das Erzgebirgische in auffallender Weise. „Es zeigt den Umlaut (in der Form *ae*) auch da, wo er im Mhd. fehlt" (Goepfert, S. 8).

Das mhd. *ie* ist im Brüxer Dialect wie im Hchd. zu *î* geworden.

dínə (dienen) dienen, *grîx̣ (kriec)* Krieg, *sbîgl (spiegel)* Spiegel, *flîn̄ (vliegen)* fliegen, *wîx̣ (wiege)* Wiege, *dsîn̄ (ziehen)* ziehen, *bîn̄ (biegen)* biegen, *dsîgl (ziegel)* Ziegel, *brîf (brief)* Brief, *lîb (liebe)* Liebe, *díf (tief)* tief, *líd (liet)* Lied, *fîwər (vieber)* Fieber, *grîf (griebe)* ausgelassenes

Fettstück, *bîr (bier)* Bier, *šdîr (stier)* Stier, *rîmə (rieme)* Riemen, *dînsd (dienst)* Dienst, *bîdn (bieten)* bieten, *šîf (schief)* schief.

Ausnahmen: Alle Zusammensetzungen mit *vier·* zeigen die bekannte verdumpfende Wirkung des *r*-Lautes: *verdl (vierteil)* Viertel, *verdsn* = vierzehn, *verdsiχ* = vierzig. — In einer größeren Anzahl von Wörtern tritt Verkürzung des *î* zu *i* (besonders vor *t, ch, χ*) ein: *dsiχ (ziehe)* Bettüberzug, *riχn (riechen)* riechen, *griχn (kriechen)* kriechen, *vərmidn (vermieten)* vermieten, *sidn (sieden)* sieden, *flisn (vlieχen)* fließen, *šisn (schieχen)* schießen, *gisn (gieχen)* gießen, *šlisn (schlieχen)* schließen, *liχd (lieht)* Licht, *fiχd (viehte)* Fichte. Bei den zwei letzten Wörtern liegt wohl wie bei *imər (iemer)* immer Anschluss an das Schriftdeutsche vor. — Durch Tonentziehung wird aus *die də*, z. B. *də frû* = die Frau, *də bûmer* = die Bäume; ähnlich wird aus *sie sə*, besonders in enklitischer Verwendung, z. B. *homsə* = haben sie, *hodsə* = hat sie. Dagegen lauten beide Wörter im Falle der Betonung *dî, sî*.

Mhd. uo.

Der mhd. Diphthong wird in der Brüxer Mundart (wie im Hchd.) zu *û*.

blûd (bluot) Blut, *šûg (schuoch)* Schuh, *grûb (gruobe)* Grube, *hûb (huobe)* Hufe, *rûm (ruom)* Ruhm, *šdûl (stuol)* Stuhl, *grûs (gruoχ)* Gruß, *rûsd (ruoχ)* Russ, *khû (kuo)* Kuh, *bflûx (phluoc)* Pflug, *dûx (tuoch)* Tuch, *grûx (kruoc)* Krug, *khûň (kuoche)* Kuchen, *fûder (vuoder)* Fuder, *bûx (buoch)* Buch, *gənûx (genuoc)* genug, *glûx (kluoc)* klug, *hûd (huot)* Hut, *mûd (muot)* Muth, *rûdər (ruoder)* Ruder, *flûd (vluot)* Flut, *brûdər (bruoder)* Bruder, *glûd (gluot)* Glut, *gûd (guot)* gut, *rû (ruowe)* Ruh, *dûə (tuon)* thun, *šûl (schuole)* Schule.

Ausnahmen: Kurzer *u*-Laut ist eingetreten in: *fluxn (vluochen)* fluchen, *suxn (suochen)* suchen, *rud (ruote)* Ruthe, *husdn (huoste)* Husten, *bušdôb (buochstabe)* Buchstabe, *šusdər (schuochsûter)* Schuster, *rufn (ruofen)* rufen. — Umlaut in *î* haben *frî (vruo)* und *blîd (bluot)* Blüte.

Mhd. üe.

Mhd. *üe* (umgelautetes *uo*) erscheint in der Brüxer Mundart als (langes) *î*.

brî (brüeje) Brühe, *drîs (drüese)* Drüse, *grî· (grüene)* grün, *gîdiχ (güetec)* gütig, *mîd (müede)* müde, *rîb (rüebe)* Rübe, *rîme (rüemen)* rühmen, *drîb (trüebe)* trübe, *šnîrn (schnüeren)* schnüren, *blîə (blüejen)* blühen, *mî (müeje)* Mühe, *gənîn (genüegen)* genügen, *glîə (glüejen)* glühen, *fîln (vülelen)* fühlen, *gəmîd (gemüete)* Gemüth, *šbîln (spülelen)* spülen, *khîl (küel)* kühl, *rîrn (rüeren)* rühren, *wîln (wüelen)* wühlen.

Ausnahmen: Kurzes *i* ist eingetreten (vorzugsweise bei folgendem *χ*) in den Wörtern: *grisn (grüeχen)* grüßen, *bisn (büeχen)* büßen, *sis (süeẓe)* süß, *risl (rüeẓel)* Rüssel, *misn (müeẓen)* müssen, *hüln (hüeten)* hüten, *briln (brüelen)* brüllen, *briln (brüeten)* brüten, *gid (güte)* Güte, *widniχ* = wüthend, *misiχ (müeẓic)* müßig. — In *vərsênə (versüenen)* versöhnen hat sich nach nhd. Muster *ê* entwickelt, in *grumǝd (grüenmât)* Grummet kurzes *u*. — In den Pluralformen, beziehungsweise Verkleinerungswörtern *biχǝr, biχl* (Bücher, Büchlein), *diχǝr, diχl* (Tücher, Tüchlein), *fisl* (Füßchen) haben wir die uns schon bekannt gewordene Wirkung der Ableitungssilben -el und -er zu erkennen, wonach vor diesen Silben die Stammsilbe gewöhnlich kurz ist.

Übersicht der Entsprechungen.[1]

Mhd. Vocale:	Vocale der Brüxer Mundart:	
	Kürzen.	Längen.
a	=	*o, a, i, ǝ, e, u*	*ô*
â	=	*o, u, e*	*ô, â*
ae	=	*e*	*ê*
e	=	*e, a*	*ê, â*
ë	=	*e, i, a*	*ê, î â*
ê	=	*e, i*	*ê, î*
i	=	*i, e, ǝ*	*î*
î	=	*a, i, ǝ*	*âę, î*
o	=	*u, o, e, ǝ, a*	*û, ô, ê*
ö	=	*e*	*ê*
ô	=	*u*	*û, ô*
oe	=	*e*	*ê, î*
u	=	*u, i*	*û*
ü	=	*i, u, e*	*î, ê*
û	=	*a, u*	*âę, ü*
iu	-		*âę, î, ê*
ei	=	*a, e*	*â âę*
ou	=		*â, âụ*
öu	=		*âę, ü*
ie	=	*e, i, ǝ*	*î*
uo	=	*u*	*û, î*
üe	=	*i, u*	*î, ê*

Wenn wir mit dem vorliegenden Vocalstande des Brüxer Dialectes die alte Vocalreihe *i — e — a — o — u* vergleichen und in dieser *a* als die Achse betrachten, so ist auf den ersten Blick klar, dass in der

---

[1] Zur größeren Anschaulichkeit sind die regelmäßigen Entsprechungen gegenüber vereinzelten Vertretungen durch fetten Druck hervorgehoben.

linken Hälfte keine wesentlichen Änderungen durch spontanen Lautwandel eingetreten sind, anders gesagt, die alten *i* und *e* haben ihren
Besitzstand (Quantitätsveränderungen abgerechnet) ziemlich ungeschmälert
erhalten. Nicht so verhält es sich mit der rechtseitigen Hälfte und mit
dem Centrallaut *a* selbst. Hier ist eine starke Verschiebung vor sich
gegangen: Der *a*-Laut hat sich zu *o* verdumpft, der *o*-Laut zu *u*. Das
Beispiel anderer Dialecte lehrt uns, dass diese Verschiebung von *a*
ausgegangen sein dürfte. Ziehen wir aber die alten Längen und Diphthonge in Betracht, so hat die Verschiebung bereits am linken Ende
begonnen, denn aus altem *î* wurde *ậ*, ebenso aus *iu*; aus *ei* wurde *â*,
aus *ô* wurde *û*. Wenn wir weiter uns erinnern, dass aus altem *uo* auch *ü*
wurde, ganz abgesehen von dem aus ursprünglichen kurzen *o-* und
u-Lauten entstandenen (langen) *ü*, so musste ein Überschuss an (langen)
ü-Lauten entstehen. Dieses Missverhältnis wurde nun dadurch theilweise wieder ausgeglichen, dass bei altem *ou* und *öu* ein Rückschlag
in die hellere Tonlage zu *ậ* und *ậ* eintrat. Trotzdem ist ein Gewinn
auf Seite der dunkleren Vocale zu verzeichnen. Dadurch erhält der
Vocalismus ein dumpferes Gepräge.

Auch auf dem Gebiete der Diphthonge ist eine entschiedene Ver-
armung zu beobachten. Das Mhd. hat deren sechs, im Nhd. haben wir
drei, für die aber fünf Zeichen zur Verfügung stehen: *ai* und *ei*, *au*, *eu*
und *äu* (Wilmanns, S. 3). Da in der Brüxer Mundart auch noch *eu* und
äu zu *ậ* geworden sind, so bleiben nur *ậ* und *âǫ*, wobei noch vor
Augen zu halten ist, dass das Gebiet des *âǫ* durch das concurrierende *ậ*
wesentlich eingeschränkt ist. Dieser Drang nach Monophthongierung
ist bekanntlich eine Eigenheit des Mitteldeutschen überhaupt, aber er
dürfte sich kaum in einem anderen Dialecte so kräftig zeigen wie im
Brüxer. — Nun erklärt sich die Monophthongierung physiologisch in der
Weise, dass der „unbetonte zweite Bestandtheil des Diphthongs all-
mählich verklingt, so dass nur der erste übrigbleibt" (Wilmanns, S. 201).
Jedenfalls musste also von jeher die erste Componente der Brüxer
Diphthonge einen weit stärkeren Accentdruck besitzen als in anderen
Mundarten.

Fassen wir den Vocalismus der Brüxer Mundart unter lautphysio-
logischen Gesichtspunkten ins Auge, so zeigen sich zwei ausgesprochene
Tendenzen der Lautentwickelung. Einerseits macht sich ein außerge-
wöhnlich energischer Trieb zur Rundung der Vocale (Übergang der
a-Laute in *o* Laute, der *o*-Laute in *u*-Laute) bemerkbar, anderseits
eine nicht minder starke Neigung zur Entrundung (Übergang der *ü*-Laute
in *i*-Laute, der *ö*-Laute in, *e*-Laute, auch des *eu* in *ậ*). „Die Ursache
beider Wandlungen wird die sein, dass, da die meisten Kehlvocale gerundet, die meisten Gaumenvocale ungerundet gebildet wurden, die

Sprachwerkzeuge sich überhaupt gewöhnten, Kehlvocale mit, Gaumenvocale ohne Rundung zu bilden" (Franke, S. 25).

Die Rundung ist im Brüxer Dialecte ausgebreiteter als anderswo,
die Entrundung in dem Maße ausgebreitet wie im Mitteldeutschen
überhaupt.

Dagegen zeigt sich die Brüxer Mundart zurückhaltender als die
vergleichbaren Dialecte (das Obersächsische und das Erzgebirgische)
in der Erhöhung der Vocale, d. h. derjenigen „Veränderung der Vocale,
welche dadurch verursacht wird, dass die Zunge allmählich eine höhere
Stellung einnimmt"; diese Zurückhaltung lässt sich besonders in der
Richtungder *I*-Laute constatieren, weniger der *U*-Laute (Franke, S. 25 ff.).

Die Erscheinungen combinatorischen Lautwandels sind, wie schon
hervorgehoben, spärlich. Der einzige r-Laut besitzt das Vermögen, auf
vorausgehenden Vocal einzuwirken und zwar in der Weise, dass er *i*
zu *e* herabdrückt und dem *o* den Weg zu *u* versperrt.

Wann nun die oben dargelegten Lautveränderungen sich vollzogen,
lässt sich nicht genau bestimmen. Urkunden und sonstige archivalische
Aufzeichnungen liefern nur spärliches Material. Doch kann man immerhin
vermuthen, dass zu der Zeit, als das Neuhochdeutsche noch im Werden
begriffen war, also im 15. und 16. Jahrhundert, unser Dialect schon in
den Grundzügen den gegenwärtigen Vocalstand besaß.

Als Quellenmaterial habe ich zur Beantwortung der Frage heran-
gezogen eine Kirchenbaurechnung vom Jahre 1520, ferner Gerichtsbücher
aus den Jahren 1562, 1575, 1587, eine Urkunde aus dem Jahre 1666
und eine solche aus dem Jahre 1670 — alle im Archiv der Stadt Brüx.

Doch lassen sich in den genannten archivalischen Aufzeichnungen
natürlich nur die Lautveränderungen constatieren, wo ein alter Laut in
einen ganz anderen übergegangen ist, aber nicht solche Veränderungen,
die bloß in der Tonfärbung oder der Quantität beruhen.

Mhd. *a:o Voter* (Urkunde v. J. 1666); mhd. *a:ô Hober (=* Hafer;
Kirchenrechnung v. J. 1520); mhd. *â : ô Sonnobent, noch* (= nach; Gerichtsbuch v. J. 1575); mhd. *iu:âç· Heußler, Heußel, Heisel* (Gerichtsbuch
v. J. 1562); *Roßteuscher, Verseymnis, seymigk* (Gerichtsbuch v. J. 1575);
mhd. *ei:âç· bayde* (sehr oft), *hailig* (sehr oft), *geraichen, Burgemaister,
Gemain, einhaischich, Stainmetz, aigen, angezaigt* (Gerichtsbuch v. J. 1575),
thails, vermainet (Urkunde v. J. 1666; hier findet sich auch die oben
besprochene Verkürzung *khan =* keinen); mhd. *ou:â gekaufft* (= gekauft,
Kirchenrechnung v. J. 1520). Als Beispiel der Verdumpfung von *e* zu *a*
habe ich nur gefunden *pattuch* (= Bettuch, Gerichtsbuch v. J. 1575).

Bezüglich der Quantität der Vocale folgt unsere Mundart demselben schon oben berührten Quantitätsgesetz wie die Schriftsprache, d. h. vor leichter Consonanz tritt Länge des Vocales ein, vor schwerer Consonanz Kürze. Diese Übereinstimmung erstreckt sich, was bei einem md. Dialect nichts Auffallendes haben kann, größtentheils auch auf die Ausnahmen in der Quantitätsentwickelung. Trotzdem gibt es eine Reihe von Fällen, in denen die Mundart und das Schriftdeutsche bezüglich der Quantität nicht übereinstimmen. (Die im folgenden vorgeführten Belege sind zum Theil schon früher in anderem Zusammenhang und vereinzelt erwähnt worden.)

Zunächst hat die Mundart entgegen dem Schriftdeutschen die alte Quantität beibehalten in den Wörtern *fodər* Vater und *bin* Biene (sing. und plur.); dasselbe gilt von den componierten Verben *vergeχu* verjagen, *fordgeχn* fortjagen, *nάąsgeχn* hinausjagen u. s. w. gegenüber dem Simplex *jōñ* = jagen. Übrigens kommt diese Form auch in den genannten Compositis häufig genug vor.

Kürze hat ferner die Mundart gegenüber Länge im Schriftdeutschen in den Wörtern:

śdiśd stehst, *śdid* steht; *giśd* gehst, *gid* geht; *fun* von, *śun* schon, *bun* Bohne, *gresər* größer, *śenər* schöner; *vərlibd* verliebt, *vər-* vier- (in Zusammensetzungen); *riχn* riechen, *griχn* kriechen, *vərmidn* vermieten, *sidn* sieden, *śliśn* schließen, *fliśn* fließen, *śiśn* schießen, *giśn* gießen, *fluxn* fluchen, *suxn* suchen, *rufn* rufen, *rud* Ruthe, *buśdōb* Buchstabe, *bludn* bluten, *griśn* grüßen, *biśn* büßen, *sis* süß, *hidn* hüten, *bridn* brüten, *bridniχ* brütend, *widn* wüthen, *widniχ* wüthend, *misiχ* müßig, *biχər* Bücher, *biχl* Büchlein, *diχər* Tücher, *diχl* Tüchlein; schriftdeutscher Diphthong erscheint durch kurzen Vocal ersetzt in den Wörtern *man* meinen, *dan* deinen, *san* seinen, *an* einen, *khan* keinen, *glan* kleinen, *ladər* Leiter. Besonders zu beachten ist, dass die Synkopierung von *e* in der 2. und 3. Pers. sing. bei Verben, die auf *d* oder *t* ausgehen, in der Regel Verkürzung der Stammsilbe hervorruft, z. B. *dû śodśd* schadest, *ər śod* schadet, *dû lodśd* ladest, *ər lod* ladet, *dû ladśd* leidest, *ər lad* leidet, *dû radśd* reitest, *ər rad* reitet. Seltener tritt diese Erscheinung bei auslautendem *b* ein, z. B. *dû glabśd* glaubst, *ər glabd* glaubt, *dû lebśd* lebst, *ər lebd* lebt. Diese Verkürzung ist auch beim Part. perf. schwacher Verba nachweisbar: *vərlibd* verliebt, *dərlebd* erlebt. Die Beeinträchtigung des inlautenden Vocals ist offenbar durch die Flexionen hervorgerufen, denn „consonantisch anlautende Flexionen und Ableitungssilben üben in niederdeutschen und mitteldeutschen Mundarten Einfluss, aber nicht in der Schriftsprache" (Wilmans, S. 231). Die seltsame Quantitätsverschiedenheit zwischen *khōχ* = Koch und *khuxn* = kochen hat ihre Entsprechung im Schriftdeutschen. Vor *r* + Dental hat das Nhd. gegenüber dem Mhd. meist gedehnten Vocal, z. B. in den Wörtern: Art, zart, Wert, Erde u. s. w. Auch die

Brüxer Mundart hat in diesen Fällen in der Regel Länge, nur in den Wörtern *šord* (Scharte) und *šword* (Schwarte) ist alte Kürze erhalten. Nicht zahlreicher sind die Fälle, wo dialectische Länge schriftdeutscher Kürze entspricht: *šôdn* Schatten, *blôd* Blatt, *mô-* Mann, *khéd* Kette, *il* Elle, *bréd* Brett, *iχ* ich, *miχ* mich, *diχ* dich, *šdich* Stich, *šrid* Schritt, *drid* Tritt, *si-* Sinn, *khi-* Kinn, *bi- (bin)*, *bis* Biss, *ris* Riss, *schlif* Schliff, *šus* Schuss, *šlus* Schluss, *gus* Guss, *buš* Busch, *khus* Kuss, *gribl* Krüppel. Wie ersichtlich ist, zeigen besonders Wörter mit auslautendem (alten) *ζ*, *ch* und *d* diesen Quantitätsunterschied. Hier ist auch einer interessanten Erscheinung des erzgebirgischen Dialectes zu gedenken. Eine große Anzahl einsilbiger Substantiva zeigt nämlich abweichend vom Schriftdeutschen im Singular langen Vocal, im Plural dagegen Kürze, z. B. *bôx* Bach, Plur. *bax*, *fiš* Fisch, Plur. *fiš* (Goepfert, S. 20). In der Brüxer Mundart ist mir diese Erscheinung nur bei *fis* = Füße bekannt. (Über die durch den Umlaut bedingten Erscheinungen wird seinerzeit in der Lehre von der Flexion die Rede sein.)

b) Die Vocale in den unbetonten Silben und in zusammengesetzten Wörtern.

Die formzerstörende Wirkung des deutschen Stammsilbenaccentes ist bekannt. Dieser Accent hat besonders dort große Verheerungen unter den Endsilben angerichtet, wo kein merklicher Nebenaccent (vgl. das Schlesische) die Endsilben schützte. Dies ist auch in der Brüxer Mundart der Fall. Der Hauptton legt sich mit solcher Stärke auf die Stammsilbe, dass der Vocal der Endsilbe oft ganz verschwand oder, wenn er lang war, wenigstens reduciert wurde. Das Gesagte gilt auch für solche zusammengesetzte Wörter, in denen der zweite Bestandtheil als Nachsilbe aufgefasst und demgemäß behandelt wurde.

I. Das unbetonte *e* in den Flexionssilben.

Das auslautende *e* ist in der Regel abgefallen, so beim Substantiv im sing. und plur.: *herd (hirte)* Hirt, *sox (sach)* Sache, *gos (gaζζe)* Gasse, *ax (ouge)* Auge, *hôs (hase)* Hase, *gədrvid (getreide)* Getreide, *reg* Röcke, *khi* Kühe, *šôf* Schafe; beim Adj. und Adv. *mid* müde, *hôζ'd* heute, doch *dər grûsə berχ* der große Berg, *ünə lônə gos* eine lange Gasse; beim Verbum tritt dieser Abfall in der 1. Pers. sing. praes. ein: *iχ nem* nehme, *šdel* stelle, *sids* sitze. — Im allgemeinen ist die Brüxer Mundart im Abwerfen des auslautenden *e* viel weiter gegangen als die Schriftsprache. So erscheinen die schriftdeutschen Wörter „Schale, Kehle, Mühle, Sohle, Braue, Krähe, Rebe, Jude, Affe, Drache" u. s. w. in der Brüxer Mundart durchwegs ohne *e*. Das *e* der Flexionsendung *-en* wird in der Regel synkopiert, und *n* geht mit dem vorangehenden Stammauslaut enge Verbindung ein: *findn* finden, *sidsn* sitzen, *lěm* leben, *liñ* liegen, *gəbruxn* gebrochen, *hôsn* Hasen, *báñ* Bogen, *suxn* Sachen. Eine Ausnahme von dieser Regel tritt nur dann ein, wenn dieser Anschluss des *n* an den vorangehendem Stammauslaut nicht durchführbar ist, besonders bei auslautendem *ñ*. In diesem Falle geht *n* verloren, und der ə-Laut bleibt als Rest der Flexionssilbe -*en* übrig, also *breñə* bringen, *siñə* singen, *foñə* fangen, *khumə* kommen, *gsuñə* gesungen, *gfoñə* gefangen, *goñə* gegangen. Doch fällt oft genug auch noch ə weg, und die angeführten Wörter erscheinen in den Formen *breñ, siñ, foñ, khum, gsuñ, gfoñ, goñ.*

2. Ableitungssilben.

Das *e* in den Ableitungssilben -*el*, -*eln*, -*er*, -*ern*, -*en* hat meines Erachtens keine ganz gleichmäßige Behandlung erfahren. Während in den Endungen -*el*, -*eln*, -*en* nur ein sehr schwacher vocalischer Rest übrig geblieben ist, scheint *e* meinem Gehöre nach in den Endungen -*er* und -*ern* in der reducierten Form ə erhalten zu sein. Ich glaube nicht (nach Ausfall des *e*-Lautes), halbvocalisches *r* zu hören, sondern thatsächlich den wenn auch geschwächten *e*-Laut; allerdings scheint damit die mehrfach erwähnte Thatsache in Widerspruch zu stehen, dass *r* mit dem vorausgehenden Consonanten sich zu schwerer Consonanz vereinigt und alte Kürze des Vocals vor Längung schützt. Man wird also schreiben müssen *khosdn* Kasten, *bidn* Boden, *honl un wonl* Handel und Wandel, *risln* rieseln, aber *åmər* Eimer, *fédərn* fördern, *dsidərn* zittern.

Ableitungssilben mit vollem Vocal bleiben im allgemeinen ihrer Quantität nach unangetastet:

— *sal:*   *dribsôl* Trübsal, *lôbsôl* Labsal, *šigsôl* Schicksal.
— *bar:*   *doñgbôr* dankbar, *furxdbôr* furchtbar.
— *ic:*   *grôm-lidiχ* verdrießlich, *misiχ* müßig, *flic̓siχ* fleißig.
— *lich:*   *hámliχ* heimlich, *šendliχ* schändlich, *nidliχ* niedlich.
— *isch:*   *nác̓diš* neidisch, *khindiš* kindisch.
— *in:*   *kheχin* Köchin, *mác̓sdərin* Meisterin.
— *haft:*   *lěbhôfd* lebhaft, *šôdhofd* schadhaft.
— *schaft:*   *fric̓ndšufd* Freundschaft, *gselšoft* Gesellschaft, *khundšoft* Kundschaft.
— *ung:*   *iwiñ* Übung, *hufniñ* Hoffnung, *iwerdsác̓χiñ* Überzeugung.
— *nis:*   *dsic̓ñnis* Zeugnis, *bildnis* Bildnis.
— *sam:*   *fulgsom* folgsam, *furxdsom* furchtsam, *gəniχsom* genügsam, *šdrebsom* strebsam, *hác̓lsom* heilsam.
— *heit:*   *groñgəd* Krankheit, *fáybd* Faulheit, *búsəd* Bosheit.
— *thum:*   *ric̓χdüm* Reichthum, *grisdndům* Christenthum.
— *at:*   *hác̓rd* Heirat, *háməd* Heimat.
— *ei:*   *ôrdsnác̓* Arznei, *hác̓χlərác̓* Heuchelei, *šrác̓worác̓* Schreiberei.

— *keit:* *môxərkhä̂g'd* Magerkeit, *munərkhä̂g'd* Munterkeit, *hä̂g'liχkhä̂g'd* Heiligkeit.

— *los:* *gfillás* gefühllos, *khublús* kopflos.

Anmerkung. Nicht ganz hierher gehören *erbd* Arbeit und *sdx-omsn* Ameisen (der erste Bestandtheil des Wortes kommt von *sáñ* = harnen).

3. Zusammengesetzte Wörter.

Wenn, wie oben bemerkt, auch zusammengesetzte Wörter der Wirkung des starken Wortaccentes unterliegen, so gilt dies besonders von solchen, deren Zusammensetzung unklar geworden war, oder bei denen der tägliche Gebrauch eine solche Abschwächung begünstigte.

Zur ersten Gruppe gehören: *orfl* Armvoll, *borbs* barfuß, *grumsd* *(grüenmát)* Grummet, *handŝiχ* Handschuh, plur. *handŝgn* Handschuhe, *khermsd* Kirchmesse, Kirchweihe, *noxbər (náchgebûr)* Nachbar, *jumfsr* Jungfrau, *lig'msd (linwât)* Leinwand, *odŝix* Ortscheit, d. i. Wagbalken an der Wage einer Deichsel.

Zur zweiten Gruppe gehören zunächst die Namen der Wochentage *sundiχ* Sonntag, *môndiχ* Montag u. s. w., *midiχ* Mittag; ferner *vurdl* Vortheil (Redensart *svurdl drág'bds hondwerχ* = der Handgriff treibt das Handwerk), *herwəriχ* Herberge, *huχdsəd* Hochzeit, *drág'dsn* dreizehn, *ferdsn* vierzehn u. s. w., *hondiχ* Handtuch, *holmiχ* halbwegs.

Die Verstümmelung der Flexions- und Bildungssilben reicht im Erzgebirgischen viel weiter (Goepfert, S. 21).

4. Die tonlosen Vorsilben.

Ebenso nebensächlich wie eine große Anzahl von Nachsilben werden von der Mundart die Vorsilben mit dem tonlosen *e* behandelt, also *bə-(d)ər- dsər-* und das Augment *gə*. *bəgráe-fn* begreifen, *bsidsn* besitzen, *bŭdeln* bestellen; *dərloñə* erlangen, *dərförn* erfahren; *vərgiə* vergehn, *vernem* vernehmen; *dsərláfn* zerlaufen, *dsərŭdeχn* zerstechen; *gəlufn* gelaufen, *gŝduχn* gestochen, *kholn* gehalten, *khodn* gehabt. Der Vocal dieser proklitischen Vorsilbe wird gänzlich unterdrückt, wo es nur immer angeht, d. h. wo die durch Synkope des *e* entstehende Consonantenverbindung aussprechbar ist.

Hierher gehören auch die mit *her-* und *hin-* zusammengesetzten Adverbien: *ráos* heraus, *rim* herum, *riwər* herüber u. s. w.; *náos* hinaus, *nim* hinum, *niwər* hinüber.

Anmerkung. Die formzerstörende Wirkung des Accentes ist nicht auf einzelne Wörter beschränkt, sie findet auch im Innern von Sprechtakten statt, d. h. bei Wortcomplexen, die in einem Athem gesprochen werden, z. B. *wemsr* wenn man, *homər* haben wir, *ufn blods* auf dem oder auf den Platz, *imər* um mir, d. h. um mich. Natürlich ist diese Lautschwächung proklitischer, noch mehr aber enklitischer Wörter viel häufiger als in der Schriftsprache. Doch lässt sich behaupten, dass die Brüxer Mundart bei der Zusammenziehung derartiger Wortcomplexe keine solche Kühnheit entfaltet wie etwa das lebhaft-energische Schlesische.

Vorläufige Sprachproben.

Dem Beispiele Goepferts, Maurmanns (Grammatik der Mundart von Mühlheim a. d. Ruhr, Leipzig 1898) u. a. folgend, benütze ich dazu Sprichwörter und sprichwörtliche Redensarten, wie sie im Volke im Umlauf sind, und die nicht nur ein Bild der Sprache, sondern auch der Denkweise eines Volksstammes zu geben geeignet sind. Ihre Zahl wird bei Abschluss der Arbeit vermehrt werden.

1. *Mər* (man) *mus unərn her god ə gûdn mô⁻ sáç̓ lesn.* Sinn: Man muss sich trösten.
2. *Na sû əwos láfd niχ elə déχ ufn háç̓ bûn* (Heuboden) *rim.* Sinn: So etwas kommt nicht alle Tage vor.
3. *Dêr khend siχ ûə̯s bun wuršdkhesl, wens wosər wold* (wallt) *un siχ də šbrác̓l* (Speile oder Sprieße) *drê̯ə.*
4. *Besər ûnə láə̯s in grád̯od wi gôr khá⁻ fláç̓š.*
5. *Dêr moxd ə gsiχd wi də khods, wens dunərd.*
6. *Êr hod əwos láç̓dn hêrn un niχ dsomšlôn.* Sinn: Er hat etwas ungenau gehört.
7. *Dêr hêrd s grôs wogsn un də flê huədn.* Sinn: Der ist überklug Übrigens kommt der zweite Theil der Redensart noch in anderer Verbindung und in ganz anderem Sinne vor: *dû wersd nôx də flê huədn hêrn* = Dir wird es noch schlecht, armselig gehen.
8. *ə sáo̯môñ khô elə vərdrôñ.*
9. *Siχə* (solche) *fiš feñd mər niχ elə déχ.* Sinn: So ein Glücksfall ereignet sich nicht jeden Tag.
10. „*Elə* (alles) *mid môs*" *hod dər šnáç̓dər gšôxd, wi ər sáç̓nə frá mid dər êl gəbrigld hod.*
11. *Dêr moxd eln gensn šû, un selwər láfd ər borfisiχ.* Sinn: Der tadelt andere, statt sich um seine eigenen Fehler zu kümmern.
12. *Dêr šind* (schindet) *də láo̯s im* (um den) *bolx.* Sinn: Der ist sehr knickerig.
13. *Khurdsə hôr sáç̓ bol gəberšd.*
14. *Glánə grêdn* (Kröten) *hom fil gifd.* Sinn: Kleine Leute sind reizbar. Vgl.: *glánə dibln láfn láç̓χd iwer* = Kleine Töpfe laufen leicht über. Goepferts Erklärung (a. a. O., S. 94): „Stille Wässer sind tief" ist entschieden falsch.
15. *Wos was dər ugə vun sundiχ* (Sountag), *wen ər də gondsə wux háç̓ frisd.* Sinn: Wie kann ein Unkundiger über eine Sache urtheilen!

16. *Jêdər drêχd sáç‑nə hŭg ufn bugl.* Sinn: Jeder hat seine Last zu tragen.
17. *Dô gŭls dŭñ wi uf Mŭdsəns huadsiχ* (Matzens Hochzeit). Sinn: Hier geht es lustig zu.
18. *S' is ŭun, wi s sáç¨ səl* — Es ist schon so, wie es sein soll. Ironisch bei längst befürchteten Unannehmlichkeiten gebraucht.
19. *Unər her god lexd dər dsiχ n ŭwonds niχ dsə* (zu) *loñ wogsn, sinsd* (sonst) *dêd sə siχ də áñ áʊŭdŭsn* hat denselben Sinn wie: Gott lässt die Bäume nicht in den Himmel wachsen.
20. *Dêr hod s blôsn* (Blasen) *rərhurəd* (verhört). Sinn: Der hat es versäumt.
21. *Dô is dsə fôn* (zu Faden) *goñə.* Sinn: Da ist es animiert gewesen.
22. *Mər* (man) *mŭs n* (ihm) *dsurên* (zureden) *wi ŭnər groñgn dsiχ.*
23. *Êr hôd gĭefdn wi də máφs in* (in den) *segs wuxn.* Er ist vielgeschäftig.
24. *Dô ŭdid ər wi dər Derg* (Türke) *vir* (vor) *Beləgrad.* (Von einem Störrischen gebraucht.)
25. *Êb* (ehe) *də khods s áç· lêχd.* Sinn: In kurzer Zeit.
26. *Wen an dər hund gəbisn hod, mŭs mər n* (ihn) *nôx Ŝŭláç· (Joli* — hübsch) *hŭsn.* Sinn: Man muss gute Miene zu bösem Spiele machen.
27. *Dá· (dem) ŭdids wi dər dsiχ s khumsd.* (Vorzugsweise von unpassenden Kleidern, aber auch vom Benehmen gebraucht.)
28. *Dô báç·sd de máφs khan fôn* (Faden) *ô·.* Sinn: Das ist unbedingt richtig.
29. *Mər hod gədrámd vun gáln gedsn* (vom gelben Pfannekuchen). Sinn: Ich habe die Sache befürchtet.
30. *Iχ wêr* (werde) *dər* (dir) *á əmôl ə ŭdi· in gordn werfn.* Scherzhaft gebraucht = ich werde dir auch einmal eine Gefälligkeit erweisen.
31. *Êr is wi dráç· bfeniχ in ə flegl gəwiγld.* Sinn: Er ist muthlos, nieder geschlagen.
32. *Feld mər iwərn hund, feld mər iwərn ŭwonds å.* Sinn: Wenn man *a* gesagt hat, muss man auch *b* sagen.
33. *Dô khôsdə ŭlif bogn* = Da kannst du Schliff backen, d. h. da kann es dir schlimm gehen.
34. *Êr khô n hund niχ áos n bogŭfn lugn.* Sinn: Er vermag nichts (besonders in Geldsachen).
35. *Dêr hod n ŭlimə ŭŭg* (Schuh) *ô·.* Sinn: Der führt Böses im Schilde.
36. *Niχ jêds bfêr griχd n hôwər, wos* (= den es) *vərdind hod.* (Trost bei Zurücksetzungen.)